KB076449

Covid-19
Future Wheel

- ***Commerce***
- ***Dining***
- ***Culture & Leisure***
- ***Work & Edu***

debrief

2

Social

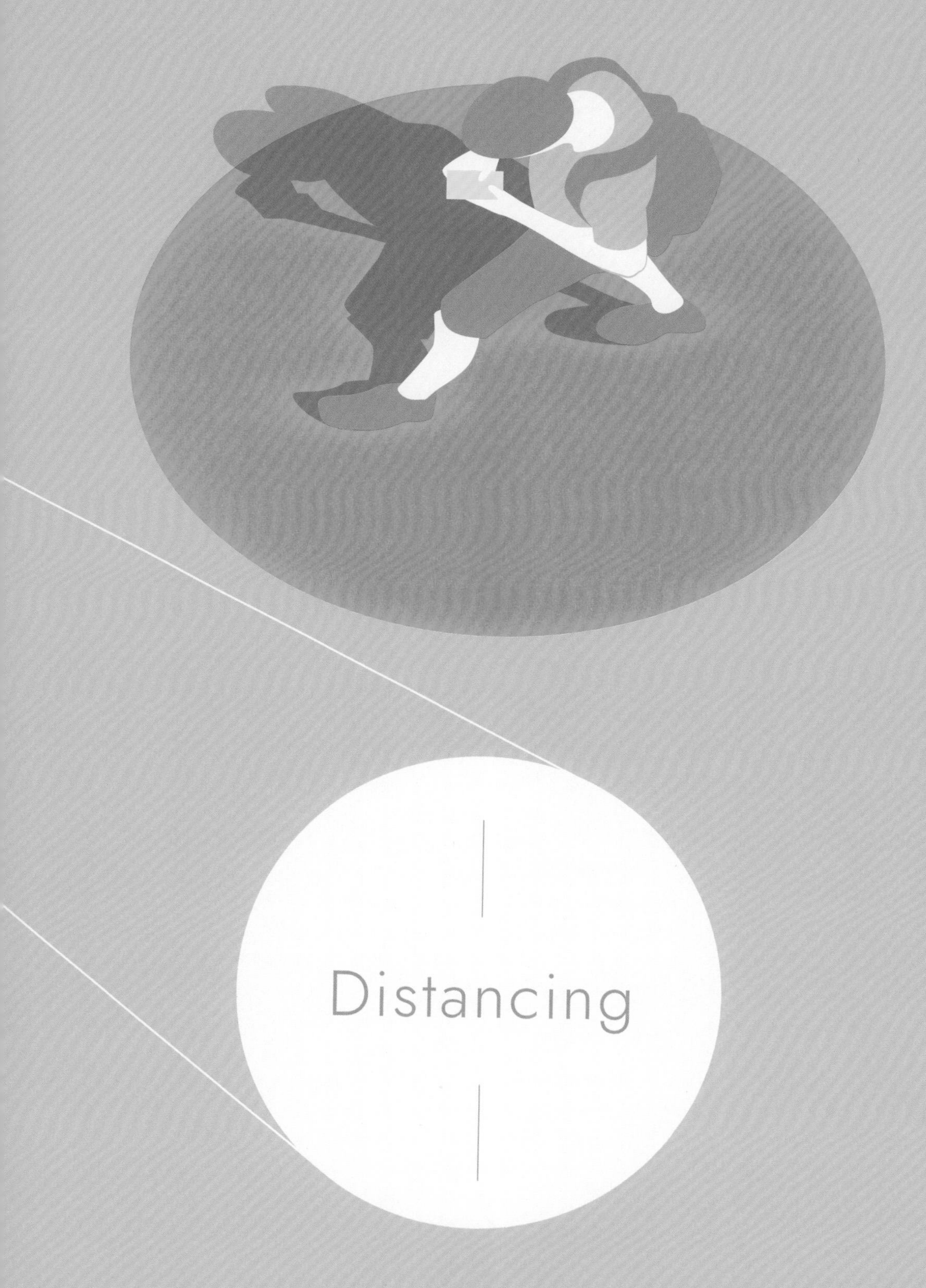

Distancing

Contents

PROLOGUE

COVID-19개요

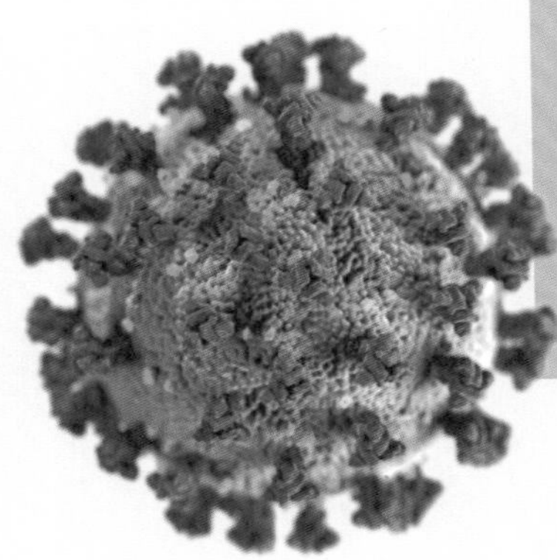

1 코로나 바이러스 감염증의 영문 약자 (Corona Virus Disease)로 코로나는 왕관 혹은 광륜을 뜻하는 라틴어에서 유래되었으며, 전자현미경으로 관찰 시 왕의 왕관 혹은 태양의 코로나를 연상시키는 형상에 의해 명명됨.

세계보건기구(WHO)는
신종 코로나 바이러스에 의한 질병 SARS-CoV-2를
지리적 위치, 동물, 개인이나 집단을 지칭하지 않도록
공식 명칭을 'COVID-19'로 지정했다고 한다.

COVID-19

CO	Corona	코로나
VI	Virus	바이러스
D	Disease	질병

코로나-19(코로나바이러스감염증-19, Coronavirus disease 2019, COVID-19)[1] 는 새로운 유형의 코로나 바이러스(SARS-CoV-2)에 의해 발생하는 동물 기원의 바이러스성 호흡기 질환이다. 감염자의 비말(침방울)이 호흡기나 눈, 코, 입의 점막으로 침투되면서 전염되며, 감염 후 약 2~14일(추정)의 잠복기를 거친 뒤 37.5도 이상의 발열 및 기침이나 호흡곤란 등 호흡기 증상, 폐렴이 주요 증상으로 나타난다.

코로나19 주요 일지

2019

12.12
중국 후베이(湖北)성 우한(武漢)시에서 원인불명의 폐렴이 집단 발병하면서 시작된 것으로 추정

12.31
우한시 위생건강위원회가 원인불명의 폐렴 환자 27명이 발생해 격리치료 중이라고 발표

2020

01.01
화난 수산시장 폐쇄

01.11
중국에서 코로나19로 인한 첫 사망자(61세 남성) 발생

01.13 - 15
태국과 일본에서 확진자 발생하면서 중국 밖 전염 시작

01.18 - 19
춘절을 앞두고 후베이성을 넘어 수도 베이징과 광둥성, 상하이 등에서 확진자 발생 춘절대이동 이후 확진자 수 급격히 증가

01.19 - 20
대한민국 1번 확진자 (중국 우한에서 입국한 중국인 여성, 35세) 발생

01.16 - 23
싱가포르 컨퍼런스 감염 5개국 전파

01.21
우한 의료진 15명이 확진 판정을 받으며, 사람 간 감염 가능성 공식 확인

01.20 - 03.01
일본 크루즈 집단 감염 (승선기간 2주, 격리 2주 후 3월 1일 최종 하선)

코로나19 발생 현황 (2020.9.28 기준)

	전 세계	국내
확진자	33,319,542	23,661
사망자	1,007,544	406
치사율	3.02%	1.72%
발생국	214	

코로나19 실시간 상황판
(CoronaBoard)

2019년 12월 중국 우한에서 발생한 이후 대략 3개월이 지난 2020년 3월 11일, 세계보건기구(WHO)가 코로나19에 대해 감염병 최고 경보 단계인 팬데믹(Pandemic)을 선포하였다. 2020년 9월 기준 전 세계 214개국으로 감염이 확산되었으며, 100만명 이상의 사망자 수를 기록했다.

01. 30

세계보건기구(WHO),
국제적 공중보건 비상사태(PHEIC,
Public Health Emergency
of International Concern) 선포

02. 17

대한민국은 1번 확진자 이후
2월 17일까지 총 30명이 감염,
해외 입국자와 해당 가족 위주의
감염경로가 뚜렷한 전염 증가 경향

02. 18

31번 확진자를 시작으로
신천지 집단 감염 시작,
기하급수적 전염 확산

02. 19

29개국으로 확산,
그럼에도 2월까지는 중국, 대한민국,
일본 등 아시아에서 주로 발생

03. ~

이탈리아와 이란에서 급증하기
시작하고 미국, 프랑스, 스페인,
독일, 영국 등에서 확산세 가속

03. 11

세계보건기구(WHO),
코로나19에 팬데믹(Pandemic)
선언

09. 28

전세계 기준 코로나19 확진자
3,000만 명 돌파

WHO 코로나19 통계현황

출처 : 세계보건기구(WHO), 2020.09.28 기준

사례 비교 WHO 지역

	확진자
아메리카	16,233,110
동남아시아	6,720,771
유럽	5,662,875
동부 지중해	2,340,215
아프리카	1,172,342
서태평양	600,891

시간이 지남에 따라 확인 된 사례

32,730,945

확진자

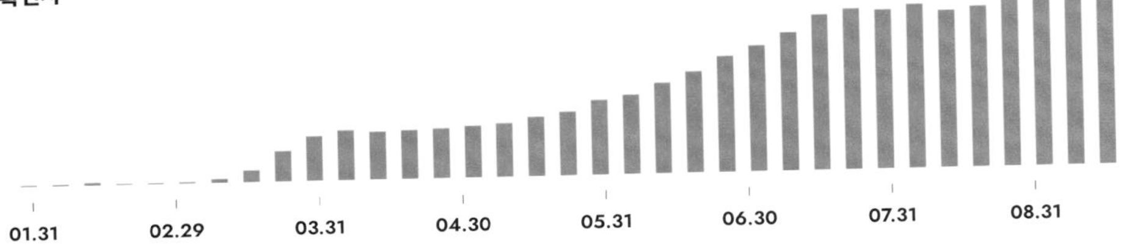

시간이 지남에 따른 죽음

991,224

사망자

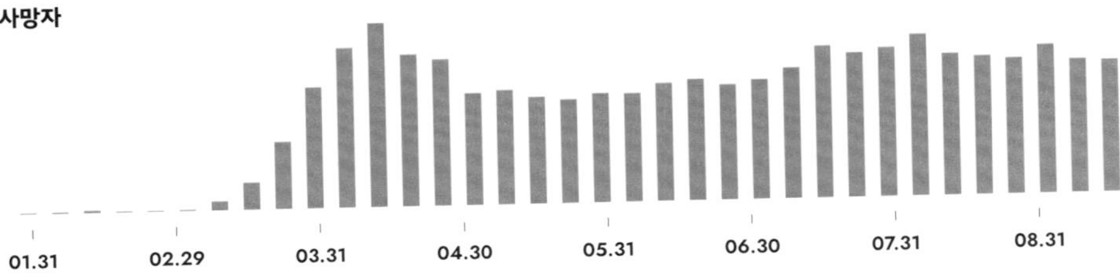

WHO 코로나 바이러스
질병(COVID-19) 대시보드

WHO 전염병 경보 6단계

① 단계

- 야생 동물 사이에 바이러스가 돌고 있음
- 인간 전염이 확인되지 않음

② 단계

- 가축화 동물 사이에도 바이러스가 돌고 있음
- 인간 전염의 가능성이 있으나 확실하지 않음
- 잠재적인 전염병 위협 단계

③ 단계

- 동물-동물, 동물-인간 전염 시작 단계
- 아직 사람 사이의 전염이 이뤄지지 않아 공동체 수준의 발병으로 분류하기는 힘든 단계

④ 단계

에피데믹 (Epidemic)

- 공동체 수준의 전염
- 많은 사람들에게 갑자기 심각한 증상을 일으키는 질병 발생
- 사람들 사이에서 빠르게 퍼지는 병
- 각국, 구체적 전염병 확산 방지 지침 내림 (여행 자제 조치 등)
- 철저한 예방사업 시작

2003 사스 (SARS)

⑤-⑥ 단계

팬데믹 (Pandemic) **3.11 선포**

- 에피데믹보다 광범위한 영역에 걸쳐 퍼지는 전염병
- 국가-대륙 간 전염 발생
- 세계적인 전염병이 진행되는 단계
- 각국, 보건·안보의 모든 단계에서 비상계획 실행
- 확산 과정 면밀히 살펴봐야 함

1928 스페인 독감
2009 조류독감 (H1N1)
2020 코로나19

출처 : 세계보건기구(WHO), 뉴시스

팬데믹(Pandemic)이란 '전 세계적 대유행'을 의미하며, 1968년 홍콩독감, 2009년 신종플루에 선포된 바 있다. 세계 보건 기구(WHO)는 전염병을 위험도에 따라 1~6단계로 나누고 있으며 최고 등급인 6단계가 팬데믹이다. 그리스어로 판(pan)은 '모두'를 데믹(demic)은 '사람'을 의미하며 즉, 전염병이 세계적으로 전파돼 모든 사람이 감염된다는 의미이다. 이러한 감염 경보는 감염 범위에 따라 다음과 같이 나뉜다. 1단계는 동물에 한정된 전염, 2단계는 동물 간 전염을 넘어 소수의 사람들에게 전염, 3단계는 사람들 사이에서 전염이 증가, 4단계는 사람들 사이의 전염이 급속도로 퍼져 세계적인 유행병이 발생되는 초기 상태, 5단계는 전염이 널리 퍼져 최소 2개국에서 유행하는 상태이며 마지막으로 6단계 팬데믹은 다른 대륙의 국가까지 전 세계적으로 확산된 상태를 의미한다.

지금까지 팬데믹에 속한 주요 질병은 인류 최초의 전염병으로 기록되는 '천연두', 14세기 유럽 인구 3분의 1을 몰살시킨 '흑사병' 등이 있으며, 현대에 들어 WHO를 통해 공식적으로 팬데믹이 선언된 경우는 1928년 스페인 독감, 1968년 홍콩 독감과 2009년 조류독감의 사례가 있었다. 팬데믹에 속하는 것으로 평가되거나 팬데믹으로 선언되었던 전염병들은 모두 역사적으로 우리 삶에 커다란 변화를 안겨주었다. 인구의 30%가 감염된 스페인 독감은 20세기 전염병 중 가장 많은 확진자 수와 높은 사망률로 경제적으로 세계 GDP를 5%이상 감소시킨 것으로 추정된다. 인구 감소, 경제적 타격 뿐 아니라 우리의 문화와 일상에 있어서도 전염병으로 인해 다양한 변화들이 나타날 수 있다는 것이 역사적 경험으로 증명 되었다. 다른 전염병들과 마찬가지로 코로나19도 우리 삶에 매우 크고 다양한 변화를 안겨줄 것으로 모두가 예견된다. 디브리프 2권을 통해 어떤 변화들이 예측되는지 살펴보고자 한다.

질병과 역사

전염병들은 단순히 인간의 목숨을 빼앗는 것에서 나아가 다양한 방식으로 인간의 역사에 관여해왔다. 1529년 스페인이 멕시코 아즈텍 제국을 멸망시킨 결정적 무기는 총, 대포, 갑옷 등이 아니었다. 365일의 현대식 달력을 사용할 정도로 발달된 문명이었던 아즈텍 제국은 최신 무기가 아닌 천연두에 의해 무너졌다. 천연두는 이후 페루의 잉카 제국에 스며들어 갔고, 잉카 제국을 멸망시키는 데 큰 역할을 했다. 유럽인들이 퍼뜨린 전염병으로, 전쟁보다 훨씬 많은 이들이 죽었던 것이다.

역대 전염병 사망자 수

출처 : 세계보건기구(WHO), 중앙일보

사망자 수	시기	전염병
7500	14세기	**흑사병 대유행** 유럽 인구 3분의 1 가량인 7500만 명 사망
5000	1918 - 1919	**스페인 독감** 2000만 ~ 5000만 명 사망
1500	1816 - 1826	**아시아 대역병 (콜레라)** 인도·중국 등지에서 1500만 명 사망
800	1618 - 1648	**신성로마제국 (독일)** '30년 전쟁' 중 선페스트·티푸스로 800만 명 사망
500	168 - 180	**로마제국 천연두** 500만 명 사망
300	1918 - 1922	**러시아 티푸스 대유행** 300만 명 사망
200	1865 - 1917	**아시아 대역병** 200만 명 사망
200	1957 - 1958	**아시아 독감** 200만 명 사망
100	1889 - 1890	**중앙아시아 독감** 100만 명 사망
● 100	1968 - 1969	**홍콩 독감** 세계적으로 100만 명 사망
80	1881 - 1896	**유럽·러시아 콜레라** 80만 명 사망
50	1899 - 1923	**러시아 콜레라 유행** 50만 명 사망
● 20	2009 - 2015	**신종플루(H1N1)** 20만 3000여 명 사망
10	1665	**런던 대역병** 영국에서 10만 명 사망

● 세계보건기구(WHO) 팬데믹 선언

(단위 : 만 명)

의학기술이 진일보한 후에도 이러한 현상은 계속 나타난다. 1918년 봄부터 1920년까지 유행한 스페인 독감은 사망자 숫자만 무려 5,000만 명에 달했다. 이는 당시 세계 인구의 최대 5%에 달하는 수치로, 1차 세계대전(1914-1918)에 사망한 군인(약 1,000만 명)보다 훨씬 많았다. 어찌나 피해가 심했던지 스페인 독감이 제 1차 세계대전의 종전을 앞당겼다는 평가까지 있을 정도다.

전염병은 기존의 질서를 허물고 시대적 변화를 유발하기도 했다. 앞서 언급한 것처럼, 14세기 중반 흑사병이라고 불리던 페스트는 유럽 인구의 3분의 1 이상을 불과 6년 만에 사망에 이르게 했다. 페스트는 엄청난 인명 피해를 불러왔지만, 인구 수가 급감함에 따라 모든 분야에서 노동력이 부족해지면서, 살아남은 수공업자나 농부들은 유리한 위치에서 지주들과 협상을 할 수 있게 되었다. 노동자의 임금은 유럽 전 지역에 걸쳐 상승했고, 농노를 구하기 힘들어져 귀족들이 노예를 부릴 수 있는 기회는 더 이상 주어지지 않았다. 노동력 부족에 따른 임금 상승 현상이 이후 100년간 더 지속됨에 따라 봉건 제도는 몰락해 갔다. 또, 전염병 창궐 상황에서 무기력했던 교회의 권위가 흔들리면서 르네상스라는 새로운 문명의 시대가 열렸다. 이처럼 흑사병은 인류의 목숨을 대규모로 앗아간 공포의 대상이었지만, 다른 한편 중세 시대의 몰락을 가져온 원동력이기도 했다.

문화 자체를 새로 만든 경우도 있다. 서양에서는 지금도 옆사람이 재채기를 하면 '블레스 유(Bless you)'라는 말을 습관적으로 하곤 한다. 고작 재채기일 뿐인데 '당신에게 축복이 가득하길'이라는 뜻을 가진 '블레스 유'라는 말을 왜 하는 것일까? 이러한 습관의 기원은 서기 77년까지 거슬러 올라간다. 동로마 제국 시대의 그레고리 1세 때부터 이러한 습관에 대한 구체적 기록이 있는데, 590년 교황에 오른 그레고리 1세는 당시에 만연했던 전염병으로 희생당한 사람들을 위해 3일간 참회 기도를 올린다. 또, 죽어가는 사람이 다시 살아나기를 바라는 의미에서 다같이 '갓 블레스 유(God bless you)'라고 할 것을 명한다. 이처럼 기침이나 재채기는 당시에 전혀 사소하지 않았다. 큰 병에 걸릴 조짐이라고 의심받았고, 심지어 영혼이 빠져나가는 신호라고 여겨지기도 했다. 그리고 전염병이 잦아든 후, 천년이 넘는 시간이 흐른 뒤에도 이 말은 관습어로 살아 남았다.

이처럼 전염병은 기존의 문명이나 제도를 멸망시키기도 하고, 새로운 문화 및 관습을 만들어 내는 등 다양한 역할을 해왔다. 그렇다면 현재까지 전세계 약 1,000만 명의 확진자와 50만 명의 사망자(2020년 7월 기준)를 기록하고 있는 코로나 19는 어떻게 역사의 흐름에 관여하게 될까?

코로나19로 인한 우리 삶의 변화

많은 전문가들은 코로나19 이후 전례 없는 변화의 시기, 뉴노멀(**New Normal**·새로운 가치)의 시대가 오고 있다고 이야기한다. 뉴노멀이란 시대 상황 및 변화에 따라 과거의 표준이 더 이상 통하지 않고 새로운 가치 표준이 세상 변화를 주도하는 상태를 가리킨다. 앞으로 소비와 생산을 비롯한 모든 사회·경제 그리고 문화예술 활동은 코로나19를 기준으로 전개될 전망이며, 이러한 변화는 이미 시작되었다.

코로나19 시대에 가장 급성장하고 있는 분야는, 사람 간의 접촉을 최소화하고 비대면 형태의 서비스를 제공하는 언택트 서비스(**Untact Service**)이다. 사실 언택트서비스는 코로나19 출현 이전부터 존재해왔는데, 대면 문화에 익숙한 기성세대와 달리 **SNS**와 온라인/모바일 상거래, 미디어 등 온라인 비대면 서비스에 이미 더 익숙한 **MZ**(밀레니얼+**Z**)세대[2] 위주로 그 수요가 높게 나타났으며, 이들이 **2019**년까지 언택트 시장의 성장을 이끈 주축이었다.

그러나 코로나19 바이러스의 확산은 전 세대의 사람들을 집 안에 머물게 하고, 타인과의 대면 혹은 접촉 자체에 대한 불안감과 두려움을 심어주었다. 그리고 그 불안과 두려움은 온라인 결제나, 비대면 문화에 익숙하지 않은 기성 세대들까지 언택트 서비스를 이용하도록 유도하고 있으며, 이는 언택트 시장 확대의 강력한 기폭제 역할을 하고 있다. 은행 **ATM**기기, 키오스크 발권 등 오프라인 상점에서 직원이 하던 일을 기술이 대신하는 방식에서부터 시작된 언택트 서비스는 이제 전자 상거래, 음식 주문 및 결제, 여가, 업무와 학업 등 우리 생활의 여러 분야에 걸쳐 깊숙하게 자리를 잡아 가고 있다.

2 1980년대 초~2000년대 초 출생한 밀레니얼(Millennial) 세대와 1990년대 중반~2000년대 초반 출생한 Z세대를 통칭하는 말. 디지털 환경에 익숙하고, 최신 트렌드와 남과 다른 이색적인 경험을 추구하는 특징을 보임. MZ세대는 2019년 기준 약 1,700만 명으로 국내 인구의 약 34%를 차지함.

디지털 전환과 관련된 세대별 특징 비교

출처 : 바이러스디자인 UX Lab
Stylus (사진)

	기성세대		MZ세대	
세대 구분	Babyboomer 베이비부머	Gen X X세대	Millennials 밀레니얼 세대	Gen Z Z세대
	소유		경험	
가치관	생존, 경쟁	경험, 개인주의	취향, 경험, 공유	다양성, 환경, 기여
디지털 수준	아날로그	디지털 이주민	디지털 유목민	디지털 네이티브
접근 채널	오프라인	온-오프라인	온라인(PC)-모바일	모바일
미디어 매체	신문, 방송, 뉴스	대중 문화	소셜 미디어	모바일 미디어
결제 수단	실물 결제(현금, 카드)	온라인 결제	온라인/간편 결제	간편 결제
	→			디지털 전환 (DX : Digital Transformation)

3 디지털 기술을 사회 전반에 적용하여 전통적인 사회 구조를 혁신시키는 것.

언택트 서비스와 가장 관련이 깊은 분야는 디지털 관점으로 산업구조를 재편해 나가는 디지털 전환(DX:Digital Transformation)[3] 이다. 디지털 전환은 현재까지 3단계에 걸쳐 진화해왔다. 1990년대 말 인터넷이 본격적으로 도입되면서 서버, 네트워크 등 기업 내 기초적인 디지털 인프라를 구축한 1단계, 2000년대 초 인터넷의 대중화와 함께 인터넷 기반 상거래와 마케팅이 강화된 2단계, 2010년 이후 모바일, IoT, 인공지능(A.I.) 등 디지털 기술 발전과 산업 구조의 변화에 따라 기업의 경영 전략의 모든 것을 디지털로 전환하도록 추진하는 3단계 순이다. 이러한 디지털 전환은 코로나19로 인한 언택트 기술의 수요 증가와 맞물려 문화, 예술, 사회, 경제, 교육 등 전분야에 걸쳐 급속히 가속화되고 있다.

디지털 트랜스포메이션 단계별 진화

출처 : 디지털리테일 컨설팅 그룹

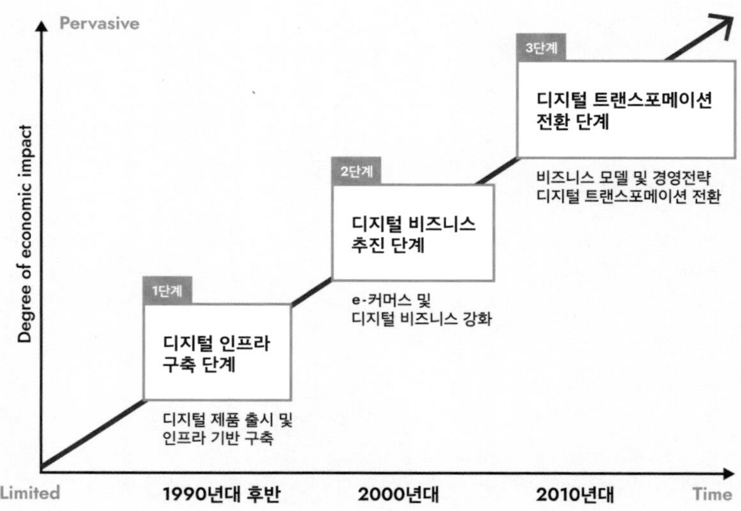

디지털 트랜스포메이션 단계별 특징

출처 : 디지털리테일 컨설팅 그룹의 자료를 참고하여 재정리

1단계	2단계	3단계
1990년대 후반	2000년대 초	2010년대 초
디지털 제품 출시 및 인프라 기반 구축	e-커머스 및 디지털 비즈니스 전략 단계	비즈니스 모델 및 경영전략 디지털 전환 단계
인터넷이 본격적으로 도입되기 시작하면서 음악, 엔터테인먼트 분야에서 디지털화 제품이 출시되고 서버, 네트워크 등 기업 내 기초적인 디지털 인프라를 구축하는 시기	인터넷이 대중화되면서 인터넷을 기반으로 한 상거래와 기업 내 마케팅 강화를 위해 디지털 비즈니스 전략이 적극적으로 추진되는 시기	모바일, IoT, 인공지능(A.I.) 등의 디지털 기술 발전과 산업 구조의 변화에 따른 기업의 조직, 프로세스, 전략, 비즈니스 모델 등 기업 경영 전략의 모든 것들을 디지털 전환으로 추진하고 있는 시기

비대면 교육이나 원격근무는 더 이상 미래의 이야기나 대체적 수단이 아닌 현실이다. 문화, 공연, 예술은 물론 여행, 취미에 이르기까지 전분야가 급격하게 디지털/온라인화 되어가고 있는 상황 속에서 디지털 전환은 선택이 아닌 필수로 도입되고 있다. 이번 디브리프 2권에서는 커머스, 식문화, 문화, 예술, 교육, 업무 등 각 분야별 챕터를 통해 코로나19가 바꾸고 있는 세상에 대한 이야기를 더욱 심도 있게 다루어 보고자 한다.

다이닝 컬쳐 앤 레저 커머스 워크 앤 에듀

Chapter 1

Commerce

Post Covid-19

소비시장의 패러다임이 바뀌다

Paradigm

코로나19 국내 발생 추이에 따른 구매 행태 변화 [1]

1 엠포스(eMFORCE) 데이터랩에서 발간한 "코로나19에 따른 산업별 변화" 보고서를 참조하여 재구성함.

1차
불안 형성

혼란과 공포

첫 확진자 발생 후
관심 증가

2차
지역 확산

분노와 피로

대규모 감염 이후
국가 재난 사태 선고

3차
전 세계 확산

따분함, 심심함

팬데믹 이후 사회적
거리두기 시행

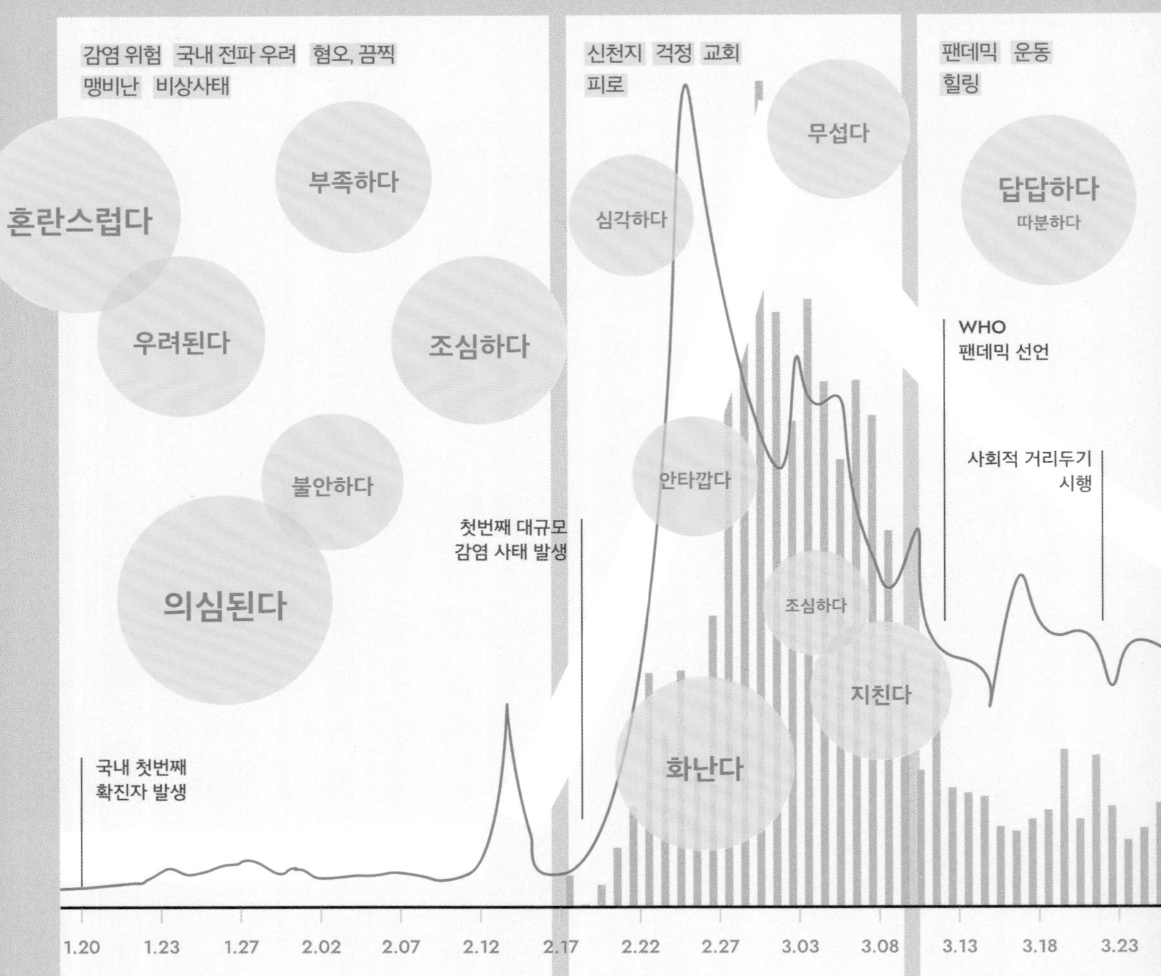

혼란, 우려, 걱정

의료 용품에 대한 구매 증가

마스크, 살균소독제, 의료 용품, 체온계, 건강식품

분노, 불안, 공포

식료품에 대한 구매 증가

쌀, 생수, 라면, 즉석밥,
간편조리식, 기저귀

답답, 피로, 응원

홈코노미 관련 구매 증가

(홈트, 취미, 놀이 등)

4차
산발적 확산

허무함과 무기력

집단 활동 및 시설
이용 자제 권고

확진자 감소 추세에 따른 생활 속 거리두기 시행 후
수도권 중심으로 산발적 지역 감염 반복 발생

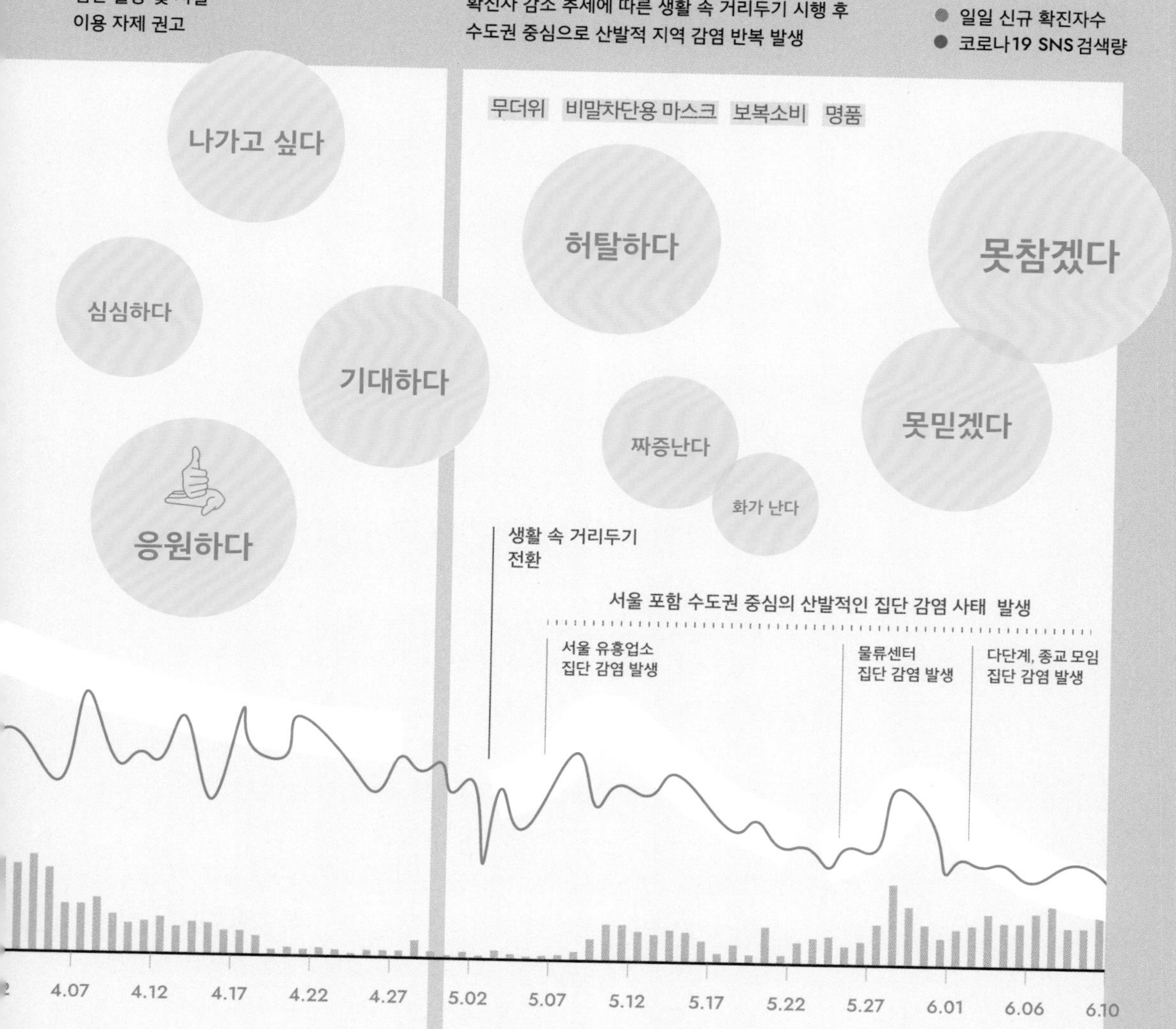

● 일일 신규 확진자수
● 코로나19 SNS 검색량

무더위 비밀차단용 마스크 보복소비 명품

나가고 싶다
심심하다
기대하다
응원하다

허탈하다
못참겠다
짜증난다
화가 난다
못믿겠다

생활 속 거리두기
전환

서울 포함 수도권 중심의 산발적인 집단 감염 사태 발생

서울 유흥업소
집단 감염 발생

물류센터
집단 감염 발생

다단계, 종교 모임
집단 감염 발생

4.07 4.12 4.17 4.22 4.27 5.02 5.07 5.12 5.17 5.22 5.27 6.01 6.06 6.10

헬스싸이클, 스텝퍼, 아령/덤벨 등
홈트레이닝 관련 기구/소도구
게임, 퍼즐/블록, 기타(악기)

허탈, 짜증, 불신

보복 소비 출현

명품 패션 및 의류

소비시장의 패러다임이 바뀌다

2 굴곡의 방향이 바뀌고 있는 구간.

국내 코로나19확진자 수 증감 추이를 6월 초까지 분석하여 보면 유의미한 변곡 구간 [2] 이 발견된다. 이 변곡 구간에 따라 구간을 나누어 보면, 불안 형성기, 지역 확산기, 전 세계 확산기, 그리고 산발적 확산기의 4개 구간으로 구분할 수 있다. 불안 형성기는 국내 첫 확진자 발생 후 코로나19에 대한 관심이 증폭된 시기로 대규모 집단 감염 발생 이전까지의 시기이다. 지역 확산기는 대규모 집단 감염 이후 국가적 재난 사태가 선포된 이후이다. 전세계 확산기는 팬데믹(Pandemic) 선언 이후 전 세계로 코로나19가 확산된 시기로 국내의 경우 점차적으로 확진자가 감소하던 시기에 해당한다. 산발적 확산은 생활 속 거리두기 시행 이후 수도권을 중심으로 산발적 지역 감염이 반복적으로 발생한 시기이다.

각 구간은 사람들의 심리와 그에 따른 구매 패턴에 있어 유의미한 변화들이 발견된다. 1차적으로 첫 확진자 발생 후 혼란과 공포로 불안이 형성되었던 시기에는 마스크, 살균 소독제, 체온계나 건강식품과 같은 제품들의 구매가 집중적으로 나타났다. 특히, 마스크나 체온계, 살균 소독제의 품귀현상과 함께 혼란이 가중이 되던 시기였다. 이 시기는 모바일 혹은 온라인으로 마스크를 주문하고 구매하는 행위에 대한 장벽이 있는 디지털 소외계층의 불만이 매우 높게 나타났던 시기로 이후 공적 마스크 제도를 탄생시키게 된 배경이 되기도 한다. 지역 확산기인 2차 구간에서는 대규모 집단 감염으로 인해 코로나19가 전 국민에게 현실로 다가오면서 식료품이나 생활 필수품의 구매가 증폭되었다. 3차 구간에서는 사회적 거리두기의 장기화로 집안에 머무는 시간을 즐겁게 보내기 위한 홈코노미(Homeconomy)[3] 의 성장이 눈에 띄었다. 마지막으로 사회적 거리두기에서 생활 속 거리두기로 전환된 4번째 구간에서는 지속적이고, 산발적으로 발생하는 감염으로 인해 극도의 피로감이 발생하고, 보복 소비가 나타나기 시작하였다. 최근 유명 명품 브랜드를 구매하기 위한 오픈런(Open Run)[4] 이 하나의 예시라고 할 수 있다.

이를 통해 확인할 수 있듯이 질병의 확산에 따라 사람들의 심리 상태가 즉각적으로 변화되고, 또 이러한 심리의 변화는 즉각적인 구매 행동의 변화로 나타난다. 즉, 코로나19가 우리 삶에 가져온 다양한 변화 중 가장 즉각적이며 극적인 변화는 단연 커머스(Commerce), 즉 소비 행태의 변화라고 할 수 있다. 우리가 느낀 높은 공포감과는 별개로, 살아가기 위해 기본적으로 필요한 식재료와 생활 필수품 그리고 청결 용품의 구매는 필수적으로 필요한 활동이다. 때문에 코로나19 발생 초기, 외출을 자제하고 집에 머무는 동안, 우리는 장바구니를 들고 집을 나서는 대신, 방구석 침대나 소파에 누워 핸드폰을 들고 쇼핑을 하기 시작했다. 이전부터 모바일 쇼핑을 하던 젊은 소비자층은 더 많고, 다양한 제품들을 모바일로 구매하기 시작했고, 지금까지 모바일 쇼핑을 경험해 본 적이 없거나 드물었던 중장년층 역시 핸드폰을 들고 쇼핑을 하기 시작했다. 이렇듯 코로나19는 소비시장의 패러다임을 바꾸고 있는 것이다.

3 홈(home)과 이코노미(economy)의 합성어로, 주로 집에서 여가를 보내는 '홈족(home族)'들의 소비를 겨냥한 경제를 일컫는 말.

4 상점의 개장 시간 전부터 줄을 길게 서있다 문을 여는 순간 달려들어가는 것을 의미함.

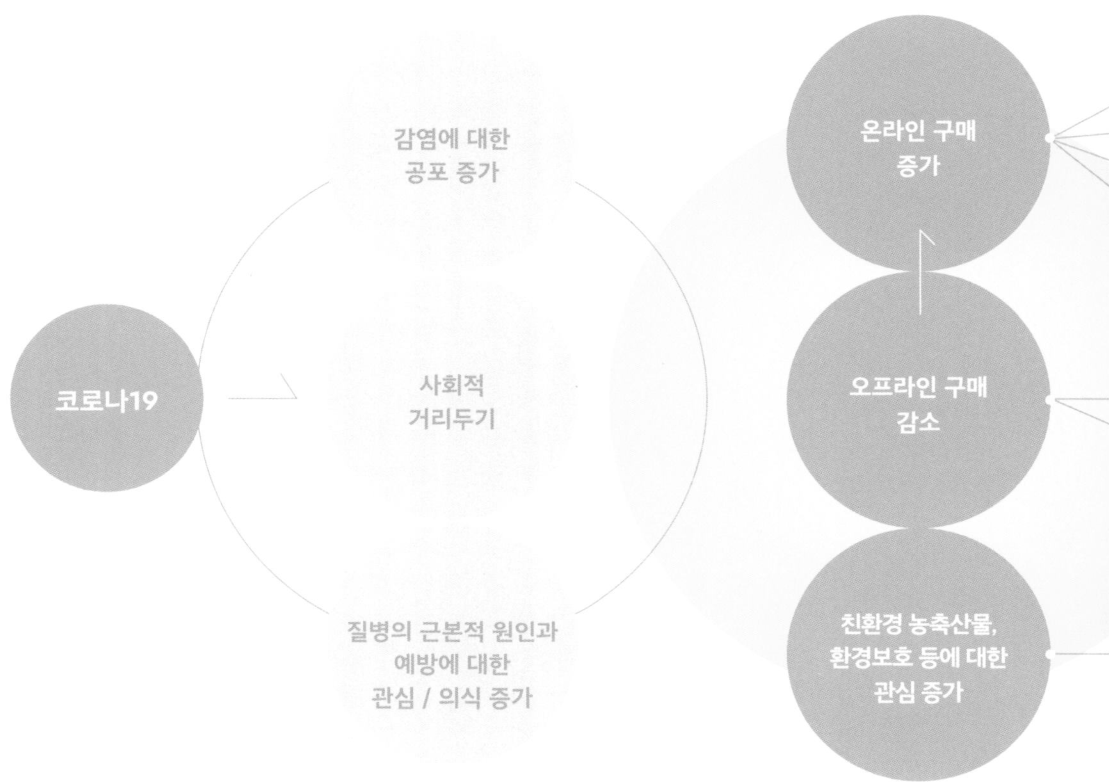

코로나19의 커머스 관련
소비자 행동 및 시장 변화에 대한 도식
출처 : 바이러스디자인 UX Lab

전염병으로 인해 쇼핑의 패러다임이 극적으로 바뀐 사례는 코로나19가 처음이 아니다. 지난 2002년 중국에서 발생한 사스(SARS, 중증급성호흡기증후군)는 중국 쇼핑의 판도를 바꾸었다는 분석이 많다. 사스 발생 당시 중국의 인터넷 보급률이 10%정도 밖에 되지 않았음에도 외출을 꺼리는 소비자들이 많아지면서 온라인 쇼핑 시장이 급격하게 성장했고, 중국의 대표적인 e-커머스(e-commerce) 기업인 알리바바(Alibaba), 타오바오(Taobao), 징동닷컴(JD.com) 등이 이 시기에 크게 도약했다는 것이다.

코로나19는 감염에 대한 공포를 증가시켰고, 사회적 거리두기 정책에 따라 소비자들은 원하든 원치 않든 외출과 대면 접촉을 줄이는 생활을 하게 되었다. 생활 패턴이 급격하게 바뀜에 따라 소비 유통 구조도 많은 변화가 있었는데, 가장 큰 변화

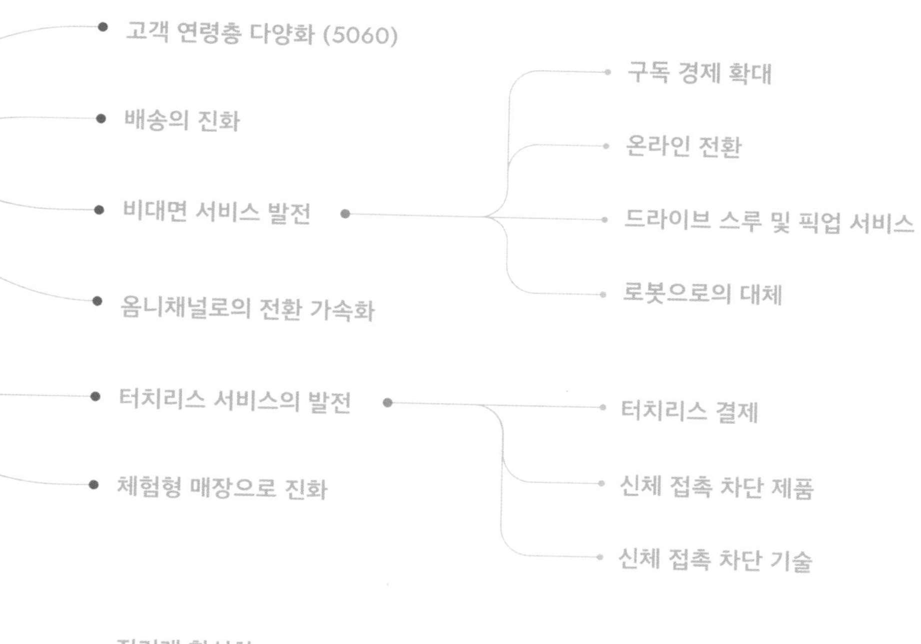

는 오프라인 구매가 감소하고 온라인 구매가 증가하였다는 것이다. 온라인 구매의 증가는 고객 연령층을 **5060**세대까지 확장시켰으며, 배송을 더욱 진화된 형태로 발전시키고 있다. 또한 구독 경제, 드라이브 스루(**Drive-Thru**) 등 다양한 비대면 서비스들이 출현하거나 더욱 성장하는 계기가 되었다. 오프라인에서의 구매가 줄어듦에 따라, 오프라인 매장들은 다양한 생존 전략을 수립하고 있다. 옴니채널로의 전환을 가속화하고, 매장 내에서는 터치리스(**Touch-less**) 서비스나 로봇 서비스를 확대하고 있으며, 체험형 매장으로서 매력적 경험을 부여하면서 고객을 끌어들이는 노력을 꾀하고 있다. 이와 같은 급격하게 변화하고 있는 소비 관련 현상들을 다양한 사례와 함께 살펴보고자 한다.

01 온라인 구매 증가

Commerce

코로나19 발생 이후,
불가피하게 오프라인 쇼핑을 자제하게 되고
온라인 쇼핑에 대한 비중이 큰 폭으로
증가하기 시작하면서 온라인에 익숙한
기존 2030대 고객군을 넘어 다양한 연령층으로
온라인 쇼핑 고객군이 확장되는 변화를 일으키고 있다.

e-커머스 시장 확대, "온라인 쇼핑 사각지대의 50~60대, 온라인 쇼핑에 빠지다."

코로나19 발생 전까지, 누구나 물건을 온라인으로 구매할 것인지, 오프라인으로 구매할 것인지에 대한 선택권이 있었다. 그러나 코로나19 발생 후 사회적 거리두기가 시행되고, 불가피하게 오프라인 쇼핑을 자제하게 되면서 온라인 쇼핑에 대한 비중이 큰 폭으로 증가하기 시작했다. 이러한 온라인 쇼핑의 성장은 단순히 구매량의 증가를 의미하기도 하지만, 오프라인 쇼핑 의존도가 높았던 50대 이상 중장년층이 온라인 쇼핑을 시작했다는 점에서 기존 2030 젊은 층 위주로 편성되어 있던 시장에 새로운 연령층의 고객군 확장을 의미하기도 한다.

코로나19 발생 이후
인터넷 쇼핑몰 방문 증가

출처 : 법무부, 여신금융협회
엠브레인 트렌드모니터

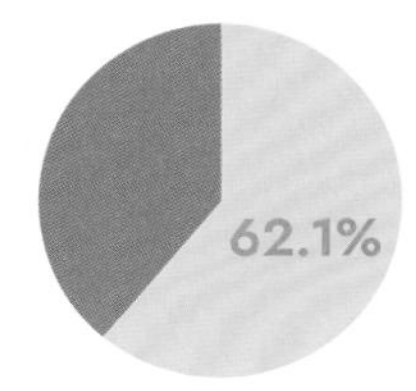

시장조사업체인 '엠브레인 트렌드 모니터'가 전국의 만 19~59세 성인 남녀 2,000명을 대상으로 조사한 '코로나19'와 관련한 인식 결과를 보면, 소비자 10명 중 6명(62.1%)이 코로나19 발생 이후 인터넷 쇼핑몰 방문이 늘어날 것 같다고 응답했고, 모든 연령대가 비슷한 생각을 갖고 있는 것으로 확인됐다. 미국 유통업체 발라시스(Valassis)의 설문에서도 미국 소비자 42%가 온라인 쇼핑을 늘린 것으로 나타났다.

코로나19가 바꾼 쇼핑 풍경

출처 : 여신금융협회, 8개 주요 카드사
티몬, 마켓컬리, 칸타

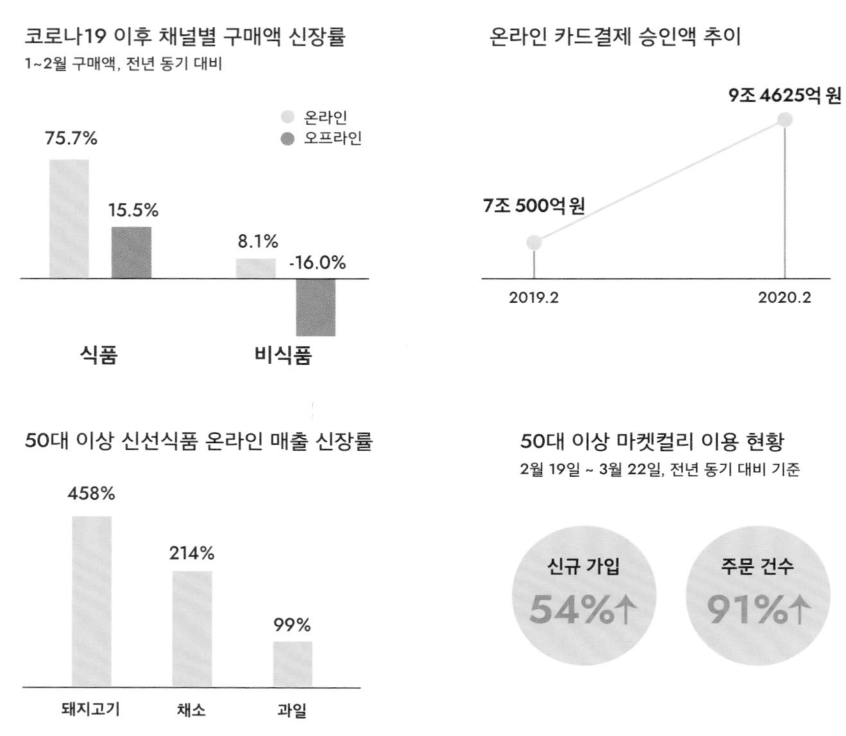

코로나19로 인해 온라인 쇼핑은 전성기를 맞고 있는 것이다. 여기서 가장 주목할 것은 50대 이상 소비자이다. 마켓컬리의 경우, 2월 19일~3월 22일까지 한 달 동안 50대 이상 신규 가입 회원은 지난해 같은 기간보다 54% 늘었고, 50대 이상 회원의 주문건수는 91% 증가했다. 11번가도 구매 고객 기준으로 보면, 50대 회원이 전년 동기 대비 16%, 60대 17%, 70대는 10%가 늘었다. 코로나19사태 초기에는 마스크나 손소독제등 위생용품 구매를 위해 유입된 중장년층이 많았다면, 코로나19가 장기화되면서 식료품까지 온라인으로 구매하려는 5060세대 고객이 늘어나고 있는 것이다. 온라인 커머스 업체인 티몬의 올 1분기 50대 이상 연령층 모바일 쇼핑 추이를 보면 식품, 건강 관련 상품 매출이 123% 증가했는데, 식품 카테고리 가운데 50대 이상 소비자가 가장 활발하게 쇼핑한 상품군은 라면 등 간편식품으로 158% 늘었다.

업계 관계자에 따르면 "코로나19사태를 계기로 중장년층 소비자도 온라인 쇼핑 거부감을 줄일 수 있을 것으로 보고 있으며, 연령이 높은 세대에게 '품질이 중요한 신선식품도 온라인에서 구매할 수 있다'는 인식을 줄 수 있을 것으로 기대하고 있다."고 한다. 서용구 숙명여대 경영학 교수는 한 인터뷰에서

"그동안 '오프라인 온리(offline only)' 고객이던 50~60대에게 코로나19사태는 온라인 쇼핑의 편의성을 경험하고, 학습하는 계기가 됐다."

고 설명한다. 코로나19사태가 진정국면에 들어서면, 온라인 쇼핑을 이용하던 50~60대 소비자들의 일부는 오프라인 채널로 돌아가겠지만, 일부는 온·오프라인을 모두 이용하게 되는 형태가 될 가능성이 높다. 온라인의 간편한 쇼핑 경험을 통해 온라인 쇼핑에 이미 친숙해진 중장년층의 경우, 일련의 코로나19 사태가 마무리된 후에도 온라인 록인 효과(lock-in effect)[5] 가 나타날 것으로 예상된다.

미국의 대표적 소매 유통 업체인 월마트(Walmart)는 온라인 쇼핑의 진입 장벽을 낮추기 위해 온라인을 통해 구입한 물건을 간편하게 오프라인 매장에서 반품하고 환불해주는 코너를 따로 운영하고 있다. 이처럼 중장년층이 온라인 쇼핑을 지속적으로 찾도록 만들기 위해서는 누구나 손쉽게 이용 가능한 결제 시스템과 환불 방식의 개선이나 콜센터 서비스의 확충 및 개선이 필요할 것으로 보인다.

5 술집이나 클럽 등에서 마감시간이 지난 뒤에도 문을 닫고 손님들을 계속 머물게 해주던 것에서 유래한 말로, 기존보다 새로운 상품이 나와도 소비자가 다른 제품으로 소비전환을 하지 않고 기존의 제품이나 서비스에 계속 머무는 현상을 일컬음.

월마트에서 모바일 앱 주문 고객들의 편리한 쇼핑 경험 (반품, 환불)을 제공하기 위해 오프라인 매장에 설치한 Mobile Express 서비스
출처 : Walmart labs

02 배송의 진화

Commerce

무한 배송 경쟁 시대, 진화하는 자만 살아남는다

생필품 구매 대란은 빠른 배송의 무한 경쟁 시대를 불러왔다.
단순히 빠른 배송이 아닌 물류 관리 서비스의 진화를 통해
가장 신선한 상품을, 친환경적으로,
얼마나 빨리 문 앞까지 배송해 주는지의 여부가
새로운 배송 서비스의 관건이다.

배송의 변신은 무죄,
"어제는 구매자, 오늘은 쿠팡맨!"

코로나19가 팬데믹으로 격상된 이후, 누구나 한 번쯤, 북미, 호주, 유럽 등 많은 해외국가에서 휴지대란이 생겼다는 기사나, 전쟁통을 방불케 하는 카트 행렬, 텅 빈 마트의 매대 사진을 본 적이 있을 것이다. 이러한 구매 대란은 온라인에서도 예외는 아니었다. 온라인 역시 주문 폭주현상이 나타났으며, 이로 인해 미국 최대 규모의 온라인 배송 업체인 아마존(Amazon)의 배송기간은 프라임서비스[5]를 이용한다 할지라도 평균 5일 이상, 제품에 따라서는 한 달 정도 소요되는 상황도 발생했다. 코로나19의 공포는 전세계 곳곳에 온·오프라인 사재기를 발생시켰지만, 국내의 경우 로켓배송, 새벽배송, 당일 배송 등 이미 무한 경쟁을 통해 배송 시스템을 미리 구축해 놓아 이러한 현상을 피해갈 수 있었다.

5 아마존 프라임(Amazon Prime)은 아마존이 제공하는 유료 구독 서비스의 하나로, 2일 무료 배송, 추가 비용 지불 시 2시간 배송 등의 혜택이 포함됨.

코스트코 버나비지점
출처 : 밴쿠버 조선일보
개장 직후 사람들이 달려가 휴지를 다량 확보하면서 20분 만에 당일 준비된 물량이 모두 품절됨.

체스터톤스코리아(Chestertons Korea)가 발간한 '2020년 1분기 물류 시장 보고서'에 따르면 국내 온라인 시장 거래액은 약 36조 8,000억 원이다. 이 중 인터넷쇼핑몰 거래액은 약 12조 원, 모바일쇼핑몰 거래액은 약 24조 8,000억 원을 기록했다. 인터넷쇼핑몰 거래액 성장률은 비교적 둔화된 반면 모바일 쇼핑몰의 거래액은 꾸준히 증가하는 양상이다. 모바일 활용 증가와 비대면 소비행태의 집중으로 인해 이러한 추세는 지속될 전망이다. 특히, 의류 및 잡화시장, 음·식료품 및 농축수산물, 가전 및 전자통신기기 시장에서 거래가 많았으며 음식서비스 거래액의 성장률이 가장 가파르게 성장하고 있다. 코로나19 31번 확진자 발생 이후, 통조림, 즉석 밥, 생수 등 장기간 보관 용이한 음·식료품의 경우, 최대 200%까지 택배량이 폭증한 것을 볼 수 있다.

코로나19 31번 확진자 발표 전후 택배 증감율 (전주 대비)
출처 : CJ대한통운

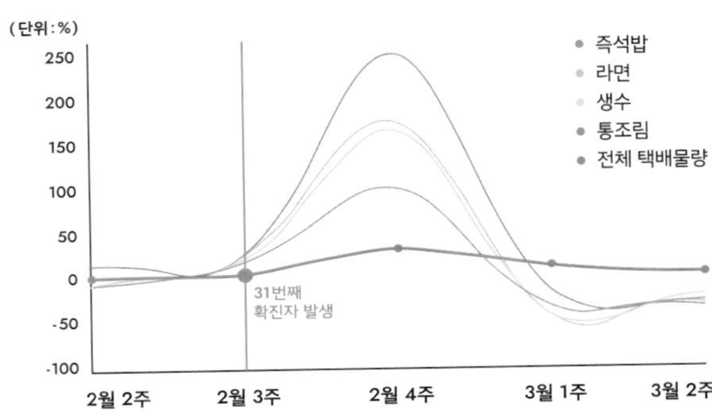

그렇다면 폭증한 온라인 주문은 어떻게 해결되었을까? 그 답은 긱 이코노미(Gig Economy)[7] 에 있다. 긱 이코노미의 대표적인 예로 온라인 e-커머스 업체 쿠팡에서 운영하는 '쿠팡 플렉스(Coupang Flex)'를 들 수 있다. 쿠팡 플렉스는 전문 택배인력인 '쿠팡맨'과 달리 일반인이 자기차량을 이용해 할당된 물량을 배송하는 아르바이트로, 건당 1,000~2,000원 가량을 보수로 받을 수 있으며, 성별, 학력, 직업에 관계없이 성인이면 누구나 참가할 수 있다. 쿠팡에 따르면 지난해 초 170만여 건이던 일일 배송 물량은 코로나 사태가 시작한 지난 1월 말 330만여 건까지 치솟았다고 한다. 이는 6,000명의 정규직 쿠팡맨 인력으론 한계가 있는 규모인데 이 같은 배송 구멍을 매일 일반 시민에서 쿠팡맨으로 모습을 바꾸는 플렉서(Flexer)들이 메우고 있는 셈이다.

7 빠른 시대 변화에 대응하기 위해 비정규 프리랜서 근로 형태가 확산되는 경제 현상을 말한다. 1920년대 미국에서 재즈 공연의 인기가 높아지자 즉흥적으로 단기적인 공연팀(gig)들이 생겨난 데서 유래한 말.

쿠팡 플렉스
출처 : 쿠팡 뉴스룸, 쿠팡

현재 쿠팡 플렉스의 가입자 수는 10만 명이 넘는다. 이중 일 평균 활동 인원은 5,000여 명을 상회하고 있다. 이와 비슷한 예로 배달의 민족의 '배민 커넥트(Baemin Connect)', 메쉬 코리아의 '부릉 프렌즈(VROONG Friends)', LG유플러스의 '디버(Dver)'등이 있다.

배민커넥트
출처 : 배달의 민족

부릉프렌즈

출처 : 부릉

설문지를 통해 희망하는 배달지역과 시간을 기재하는 방식으로 참가 신청을 할 수 있음. 라이더로 선정되면 문자가 오고, 근무시간에 맞춰 메쉬 코리아 지점에 방문하면, 해당 지점에 주차된 전기 자전거를 대여한 뒤, 자전거 번호와 배달 장비를 찍어서 오픈된 카톡방에 올리고 업무를 시작함.

LG유플러스 디버(Dver)

출처 : BLOTER

"무한 배송 경쟁 시대, 진화하는 자만 살아남는다."

코로나19로 배송 시장이 커진 만큼 새벽배송, 당일배송, 24시간 배송 등 배송 경쟁 또한 갈수록 치열해지고 있다. 코로나19의 최대 수혜자를 꼽는다면 단연 쿠팡과 마켓컬리를 들 수 있다. 리테일 분석 서비스를 제공하는 와이즈(Wise) 앱에 따르면 지난 2월 쿠팡 결제금액은 1조 6,300억 원으로 인터넷 쇼핑 사이트 중 1위이며, 마켓컬리의 경우, 영국 경제지 파이낸셜 타임스(Financial Times)가 선정한 '아시아·태평양 고성장 기업 2020' 에서 11위에 오를 정도로 높은 성장세를 보이고 있다. 쿠팡의 경우, 신선식품 전국 새벽 배송, 당일 배송 서비스를 대변하는 로켓 배송이 대표적이며, 샛별 배송을 메인으로 하는 마켓컬리의 가장 큰 무기는 신선함과 고급화라고 볼 수 있다.

대형 유통 업체들도 성장하는 e-커머스의 추격을 위해 노력하고 있는데, 대표적인 예로 풀필먼트(Fulfillment) 시스템의 도입을 들 수 있다. 풀필먼트의 뜻을 그대로 직역하면 의무/직무 등의 이행, 수행, 완수, 실천의 뜻을 갖고 있는데, 이것을 물류의 시각으로 보면 고객의 주문을 완벽하게 처리하는 하나의 과정이라고 말할 수 있다. 상품이 입고가 되는 순간부터 고객에게 출고가 된 후의 단계는 물론이고 배송 중에 문제가 생기거나 고객의 사정으로 인해 환불을 하고 문의사항을 처리해야 하는 경우까지 말 그대로 통합적인 물류 관리서비스를 한 곳에서 통합적으로 진행하는 것이라고 할 수 있다.

기존 e-커머스 배송과 풀필먼트 배송 시스템 비교
출처 : 바이러스디자인 UX Lab

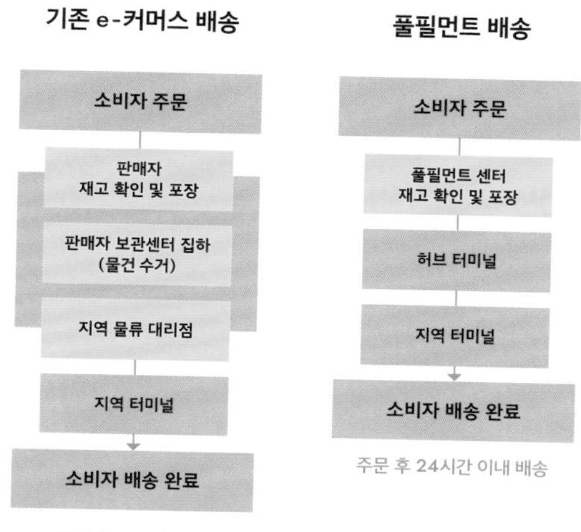

새벽배송을 통해 좋은 반응을 얻고 있는 신세계 'SSG닷컴'의 경우, 국내 최초로 선보인 온라인 전용 물류센터인 '네오(NEO)'로 구현된다. 네오의 경우, 기존에 보관하기 힘들었던 채소, 과일 따위의 신선 식품이나 냉장식품, 냉동식품 따위를 저온 상태로 유지하여 유통하는 콜드체인 시스템이면서 전자동화를 갖추어 높은 효율성을 제공한다. 이러한 효율성에 힘입어, 신세계에서는 2023년까지 1조 700억 원을 투자해 네오 물류센터 7곳을 더 건설할 예정이다.

롯데의 경우, 온라인 통합 쇼핑몰 '롯데온'과 함께 롯데 풀필먼트 스토어를 선보인다. 롯데마트의 풀필먼트 시스템은 소비자가 상품을 주문하면 입고-재고관리-분류-배송까지 전 과정을 일괄적으로 처리하여 5km안의 지역에 배송하는 형태로, e-커머스보다 빠르고 편리한 바로 배송 시스템을 추구한다. 온라인으로 주문하면 오프라인 매장에서 실제로 판매 중인 상품을 보내주는 형식으로, 1시간 안에 주문한 물건이 배송되는 바로 배송을 도입했다.

"소비자가 온라인 상에서 클릭만 하면 롯데마트 쇼핑마스터가 장을 대신 봐주는 개념입니다. 어플리케이션으로 요리 재료를 주문하고 한두 시간만 기다리면 제품이 도착하기 때문에 롯데마트 고객들은 냉장고에 신선식품을 보관할 필요가 없습니다."
권영대 롯데마트 풀필먼트매니저(부점장)

주요 유통업체 경쟁 상황
출처 : 머니투데이

유형	내용	
e-커머스	쿠팡	신선식품 전국 새벽배송, 당일배송 서비스 도입, 국내 처음 제주까지 로켓배송(익일배송) 시작
	마켓컬리	신선함이 주무기인 마켓컬리 새벽배송, 최고등급 한우·수산물·달걀·우유 배송
대형 오프라인 유통	신세계	현재 3개인 SSG닷컴 전용 물류센터 네오, 앞으로 7개 추가 건설 물류 투자 지속
	롯데	통합 온라인 쇼핑몰 '롯데온' 출범, 바로배송(1시간 배송) 도입
편의점	CU	요기요와 배달 운영시간 24시간으로 확대, 커피 배달·네이버 배달 시작
	GS25	요기요·부릉 통해 배달서비스, 전국 2,000여 곳 매장으로 확대

주요 새벽 배송 서비스 비교
출처 : 머니투데이

	쿠팡	마켓컬리	SSG닷컴
서비스	로켓프레스	샛별배송	새벽배송
주문시간	자정까지 주문, 다음날 오전 7시 이전까지 배송	오후 11시까지 주문, 다음날 오전 7시 전까지 배송	자정까지 주문, 다음날 오전 6시 전까지 배송
배송지역	전국	서울, 경기, 인천	서울 및 수도권 지역 일부
무료배송 구매기준	1만 5,000원 이상 (월 2,900원 회비)	4만 원 이상	4만 원 이상

롯데 풀필먼트 시스템의 바로배송 스테이션
출처 : 중앙일보

코로나19의 영향은 편의점 업계에까지 많은 변화를 가져왔다. 기존에 배달 어플리케이션 업체인 요기요와 손잡고 오전11시부터 오후11시까지 배달 서비스를 제공해 온 편의점 CU는 2020년 4월부터 서비스 운영시간을 24시간으로 확대했다. 심야시간에도 최소 주문금액(1만 원)과 배달료(3,000원) 모두 할증 없이 동일한 비용으로 서비스가 제공된다. 또한 커피 배달 서비스에도 나선다. 요기요에서 원두 커피를 주문하면 즉석에서 원두를 갈아 내린 '겟 커피(Get coffee)'를 누출 방지 캡과 전용 캐리어로 포장해 점포 근무자가 배송 기사에게 전달하는 방식이다. CU의 배달 가능 품목 수는 서비스 도입 초기 240여 개에서 1년 만에 360여 개로 늘었다. 2020년 3월 기준 CU의 배달 서비스 일평균 이용 건수는 코로나19 발생 전(2019년 11월~2020년 1월) 대비 72.2% 늘었다. 특히, 오후 8~11시에 배달 서비스를 이용하는 소비자가 3월 전체 이용 건수의 34%를 차지할 만큼 최근 심야 시간 배달에 대한 수요가 빠르게 증가하고 있다고 한다.

CU 24시간 배달 서비스
출처 : BGF리테일

편의점 GS 25의 경우, 온라인 쇼핑몰에서 주문한 신선상품을 냉장상태로 편의점에서 찾아갈 수 있는 보관함인 '박스25'서비스를 시작했다. 온라인 쇼핑몰에서 소비자가 냉장 신선 식품을 산 뒤 수령 장소를 GS 25 점포로 선택하면 상품 도착 후 알림 문자와 QR코드, 보관함 비밀번호를 받게 된다. 소비자는 박스25에서 원하는 시간에 주문한 상품을 찾아갈 수 있다. 또한 샐러드 배송 업체인 프레시 코드(Fresh Code)와도 제휴하여, 일대의 50개 GS 25를 통해 우선으로 픽업 서비스를 이용할 수 있도록 했다. GS 25는 연내 서울과 수도권을 중심으로 800여 개 점포까지 서비스 범위를 확대한다는 계획이다.

GS 25매장의 식품 택배 보관함
출처 : GS리테일

유통업계에서 사용하는 '라스트 마일 딜리버리(last mile delivery)' 라는 말이 있다. 원래 '라스트 마일(last mile)'은 사형수가 집행장까지 걸어가는 거리를 가리키는 말인데, 유통업에 있어서의 라스트 마일은 고객과의 마지막 접점을 의미한다. 여기에 배달, 전달을 뜻하는 딜리버리(delivery)를 합성하여 만든 신조어가 라스트 마일 딜리버리이다. 라스트 마일 딜리버리는 유통업계의 미래전략으로 서비스 측면에서 안전과 편의성이 높은 새로운 배송 서비스를 제공하는 것과 기술적 측면에서 물류와 IT기술의 만남, 감성적 측면에서 고객만족과 감동 등을 모두 포함한다. 배송기사의 근무시간을 줄여 친절배송의 품질을 끌어올리는 것, 배송 박스에 손편지나 스티커 등을 넣는 것, 편의점을 통한 택배 수령 서비스, 공공인프라를 활용한 무인 택배함 서비스 등이 모두 이에 해당한다. 이형민 성신여대 교수는 한 인터뷰에서

"유통의 혁신만큼 배송 차량이나 상자에서도
친환경성을 강화할 필요가 있다."

라고 이야기했다. 코로나19 사태 이후 언택트 트렌드로 온라인 유통 산업의 고속 성장과 K-배송의 시장 확대 전망에는 거의 이견이 없다. 이러한 상황 속에 물류센터에서 코로나19 확진자가 발생한 쿠팡과 마켓컬리의 경우 서로 다른 사후 대처로 엇갈린 평가를 받고 있다. 저온 창고에서 일하기 때문에 발열 검사만으로는 증상을 잡아내기 힘든 환경, 낮에는 배달의 민족에서 배달을 하고 밤에는 쿠팡에 가서 일을 하는 등 접촉자가 많을 수밖에 없는 업무 구조 등 사업의 특성상 마스크 착용과 소독만으로는 코로나19를 막기에는 부족한 것도 큰 문제였지만, 이러한 사태 발생 후 아무 일이 없었던 것처럼 무대응으로 일관한 쿠팡과는 반대로, 마켓컬리는 대표이사 명의로 사과문과 사태에 대한 세부 설명은 물론 앞으로의 진행 방향에 대한 설명까지 고객에게 제공하였다. 코로나19 이후 소비자가 제일 두려워하는 건 앞으로 어떤 일이 벌어질지 모른다는 것이다. 이러한 엇갈린 대응 속에 결국 고객을 마음을 더 많이 얻는 건 투명한 공유 방식을 택한 마켓컬리일 것이다. 이처럼 성장을 더욱 공고히 하기 위해서는 단순히 빠른 배송을 넘어, 친환경을 강조한 서비스, 고객과의 투명한 소통, 더 나아가 고도의 경쟁 속에 방치되고 있는 택배 근로자들의 처우와 업무 환경 개선도 앞으로 큰 과제가 될 것 같다.

03 옴니 채널 형태로의 매장 전환 가속화

Commerce

코로나19는 전통적인 오프라인 매장에서의
쇼핑 경험을 바꾸고 있다.
온라인, 오프라인, 모바일을 넘나들며
어떤 채널에서든 같은 매장을 이용하는 것과 같은
몰입 경험을 제공하는 옴니채널의 역할이 더욱 중요해진다.

O2O를 넘어 O4O로, "집에서 라이브로 쇼핑하세요."

코로나19는 전통적인 오프라인 매장에서의 쇼핑 경험도 바꾸고 있다. 코로나19 이후, 소비자가 비대면 방식의 쇼핑을 선호하고 대중 교통을 통한 이동에도 부담을 느끼면서, 온라인 구매 후 오프라인에서 직접 수령하거나, 오프라인 구매 후 배달을 의뢰하는 등 **O2O(Online to Offline)**[8] 와 옴니 채널(**Omni Channel**)의 전환이 급증하게 될 것이라고 전문가들은 말한다. 옴니 채널이란, 소비자가 온라인, 오프라인, 모바일 등 다양한 경로를 넘나들며 상품을 검색하고 구매할 수 있도록 한 서비스로, 각 유통 채널의 특성을 결합해 어떤 채널에서나 같은 매장을 이용하는 것처럼 느낄 수 있도록 한 쇼핑 환경을 말한다. 백화점 온라인몰에서 구입한 상품을 백화점 오프라인 매장에서 찾는 '스마트픽(**Smart-Pick**)'이 옴니 채널의 대표적인 방식이다.

대표적인 옴니 채널의 성공 사례로는 미국 월 마트의 '클릭 앤 컬랙트(**Click and Collect**)'서비스를 들 수 있다. 클릭 앤 컬랙트는 온라인으로 주문하고, 오프라인 매장에 들러 주문한 식료품을 픽업하는 방식으로 월마트는 배송비를 아낄 수 있고 소비자는 배송 수수료를 아낄 수 있다. 기존 매장 픽업 방식 이외에도, 코로나19 이후 사회적 거리두기 지침이 강화된 상황에서 월마트는 온라인으로 식료품을 주문한 뒤 가까운 매장에서 드라이브 스루 방식으로 물건을 픽업하는 방식을 도입했다. 온라인으로 물건을 주문한 뒤 가까운 매장에 차를 몰고 가면 직원들이 물건을 직접 트렁크에 실어주는 식이다. 이외 매장 내 **Pick-up**타워를 설치하여 직원과의 직접적인 컨택 없이 물품을 수령할 수 있는 서비스 등을 제공하고 있다.

8 온라인(online)과 오프라인(offline)이 결합하는 현상을 의미하는 말로, 최근에는 주로 전자상거래 혹은 마케팅 분야에서 온라인과 오프라인이 연결되는 현상을 말하는데 사용됨.

이러한 월마트의 클릭 앤 컬랙트 서비스는 소비자들이 야채나 과일, 고기와 같은 신선제품은 눈으로 직접 보고 구입하길 원한다는 점, 미국 인구의 **90%**가 월마트 매장에서 **10**마일(**16km**) 이내에 산다고 할 정도로 촘촘한 공급망을 이미 확보하고 있고, 각 매장별로 넓은 주차장도 확보하고 있다는 점, 마지막으로 코로나**19**로 인해 삶이 더욱 어려워지니 배송서비스 비용이라도 아끼고 싶어한다는 소비자의 심리까지 감안한 통합 전략이 보기 좋게 맞아 떨어진 결과라고 볼 수 있다.

미국 월마트 매장의 드라이브 스루 (Drive-thru) 픽업 공간
출처 : Walmart

월마트 내에 설치된 Pick-up Tower
출처 : Sioux City Journal
온라인 주문 후 휴대폰에 생성된 바코드를 픽업 타워에서 스캔하면, 마치 자판기처럼 주문한 물건들이 기계에서 나오거나 지정된 사물함에서 꺼내 갈 수 있음.

9 오프라인을 위한 온라인이라는 뜻. O2O처럼 온라인과 오프라인을 결합하되, 오프라인에 중심을 두거나, 온라인 기업이 가진 고객 정보와 강점을 살려 오프라인으로 사업 영역을 확대하여 새로운 매출을 만드는 비즈니스 플랫폼.

최근에는 O2O(Online to Offline)를 넘어 O4O(Online for Offline)[9] 를 통한 무경계 쇼핑으로 진화를 거듭하고 있다. 전통적 오프라인 강자인 백화점들은 이제 '라이브 커머스(live commerce)' 등의 도입을 통해 체질 변화를 시도하고 있다. 대표적인 예로, 롯데백화점이 운영하는 라이브 커머스 '100LIVE'를 들 수 있다. 엘롯데 앱을 통해 소비자들은 백화점 매장을 직접 찾는 대신 실시간으로 제품을 구경하고 바로 구매도 할 수 있다. 이것까지는 홈쇼핑과 비슷하지만 채팅창으로 원하는 제품을 더 자세히 보여 달라고 요청하면서 곧바로 소통이 이뤄진다는 점에서 홈쇼핑과의 차별화가 이루어진다. 참여 브랜드는 20~30대 타깃의 여성의류 브랜드와 화장품에서 시작해 점차 40~50대 여성과 남성 시청자를 대상으로 하는 상품으로 넓히고 있다. 3월 라이브쇼핑의 누적 시청자 수는 1만 8000회로, 2019년 12월 라이브쇼핑 시청자 수보다 5배 늘었다고 한다.

O2O vs O4O
출처 : 바이러스디자인 UX Lab

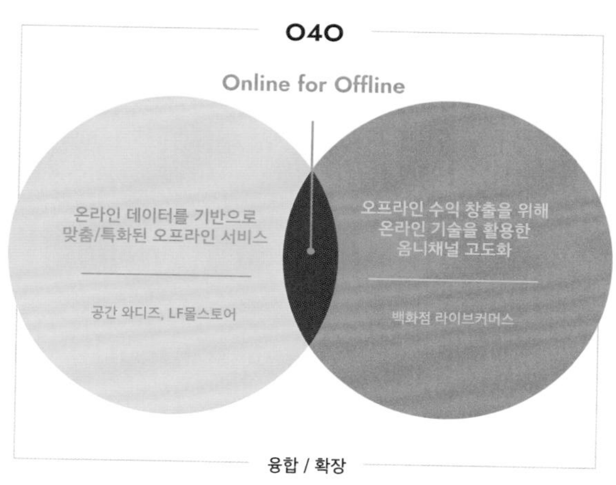

신세계백화점의 경우, 모바일 앱을 통해 백화점 매장 직원이 직접 착용 사진을 올리고 일대일 상담도 해주는 '지금 매장에서'라는 코너를 운영하고 있다. 갤러리아백화점은 자체 개발 가정 간편식 상품을 개발자가 직접 소개하는 V커머스를 시도하고 있다. 네이버에서 운영하는 모바일 커머스 셀렉티브(selective)에서는 '나가지 않고도 제대로 사는 법' 이라는 모토 아래, 연예인, 인플루언서, 쇼 호스트, MD, 브랜드 매니저 등이 매장에 직접 나가 사용자와 소통하면서 자연스러운 라이브 쇼핑을 유도한다.

현대백화점도 매주 수요일 오후 9시 '백화점 윈도 라이브'를 실시간으로 방송하고 있다. 회당 라이브 방송 뷰가 4만~5만 회에 달할 정도로 인기다. 현대 백화점 관계자는 "영패션의 경우 1시간 방송에 1,000만~1,400만 원어치가 팔리고 있다." 면서 "월평균 매출이 5,000만~7,000만 원인 점을 감안하면 1시간 만에 한 달치 30%를 판매하는 것."이라고 말했다.

네이버 셀렉티브 라이브 방송
출처 : 네이버

현대 백화점의 라이브커머스
출처 : 현대백화점 라이브커머스 갈무리

국내에서 모바일 라이브쇼핑이 이제 막 시작되는 시기라면 중국은 2016년부터 시장이 폭발적으로 성장을 해왔다. 중국 라이브 쇼핑시장 거래액은 2016년 4조 7,000억 원, 2017년 7조 7,000억 원, 2018년 11조 5,000억 원, 2019년 15조 2,000억 원으로 4년 사이 3배 이상 커지며 새로운 시장을 만들었다. 이러한 라이브 커머스는 오프라인 영업 매장을 스튜디오로 활용, 매장을 투어하며 다양한 상품을 소개하고 대리 체험을 할 수 있는 경험을 제공한다. 거기에 퀴즈 풀이, 게임 등 재미 요소를 추가한 예능형 라이브 방송 등, 아이디어와 기술, 스토리까지 결합된 형태로 틈새 시장을 공략하며 더욱 성장할 것으로 보인다.

04 위기의 공유 경제, 뜨는 구독 경제

Commerce

집안에 머무는 시간이 증가하고,
접촉하는 것에 대한 두려움이 생기면서
대면형 서비스를 기본으로 하는 공유 서비스들은
주춤하고 있는데 비해,
비대면을 기본으로 쉽고 편하며 저렴하게 다양한 재화와
서비스를 즐길 수 있는 구독 서비스는 급성장하고 있다.

영상에서 세탁까지
"이제 공유말고, 구독해요."

10 물품을 소유의 개념이 아닌 서로 대여해 주고 차용해 쓰는 개념으로 인식하여 경제 활동을 하는 것을 뜻함.

11 스마트폰 애플리케이션(앱)으로 승객과 차량을 이어주는 서비스로 공유경제의 대명사임.

코로나19 이전에는 다들 '공유 경제'[10] 로 세상이 바뀔 것이라고 예상했었다. 하지만 코로나19 바이러스 감염의 위험으로 인해 이러한 '공유'의 가치는 후퇴하고 있다. 사람들은 더 이상 아무것도 공유하려 하지 않는다. 효율성보다 나의 안전과 생명이 더 소중하기 때문이다. 미국 경제 매체인 CNBC의 보도에 따르면, 대표적인 차량 공유 업체인 우버(UBER)[11] 의 경우 코로나19확산으로 매출이 반토막 나면서 직원의 14%인 3,700명을 해고했으며, 숙박 공유 업체인 에어비앤비(Airbnb)의 경우에도 전체 직원의 25%에 해당하는 1,900명을 해고할 정도로 대면 서비스를 기반으로 한 공유 경제는 흔들리고 있다.

" 팬데믹은 우버(UBER)와 다른 기업들이 세계에서 가장 가치 있는 스타트업이 되도록 강력하게 추진했던 비즈니스 모델인 공유 경제에 도전하고 있다."
월스트리트저널(WSJ)

코로나19 확산 이후
공유 업체 해고율
출처 : 한겨레

차량 공유 업체 1위
우버 해고율

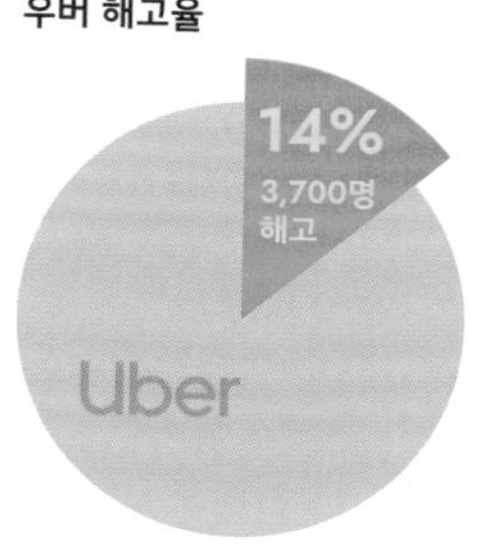

차량 공유 업체 2위
리프트 해고율

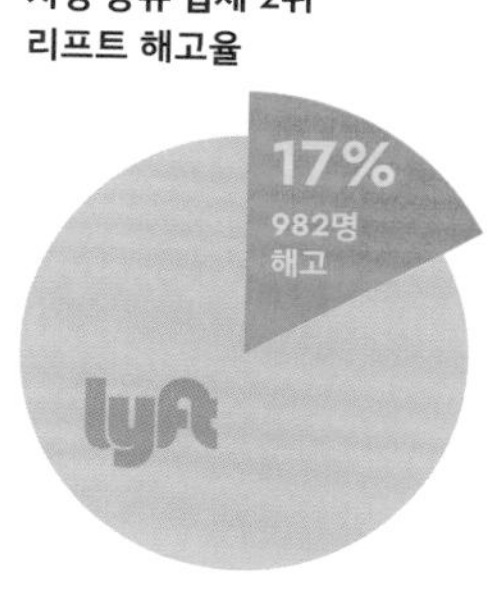

숙박 공유 업체 1위
에어비앤비 해고율

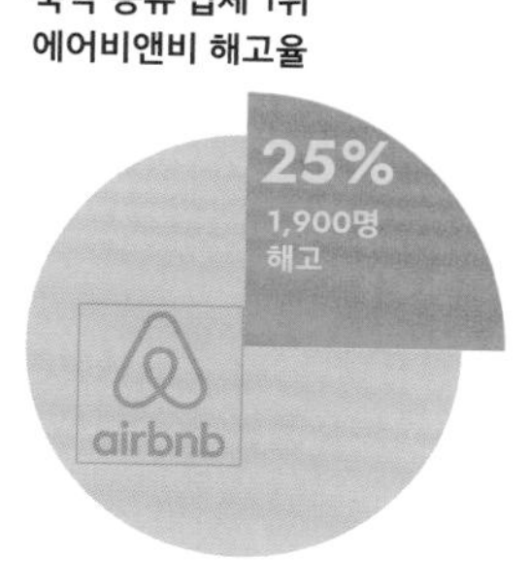

12 신문처럼 매달 구독료를 내고 필요한 물건이나 서비스를 받아쓰는 경제 활동을 의미함.

이러한 상황과는 대조적으로 사회적 거리두기 등으로 인해 집안에만 머무르려는 집콕족이 늘어나면서 집에서도 쉽고 편하게 다양한 재화와 서비스를 즐길 수 있는 '구독 경제'[12] 는 오히려 급부상하고 있다. 대면형 서비스를 기본으로 하는 공유경제와는 반대로 비대면 서비스를 제공하는 구독 경제는 음원이나 영상 스트리밍 서비스부터 최근에는 고가의 자동차와 명품 의류 같은 물건뿐만 아니라 세탁, 식음료, 주류 서비스까지 다양한 분야로 확대되고 있다.

현대차의 구독형 프로그램 '현대 셀렉션'은 월 단위로 이용 요금을 지불하고 기간 내 주행거리 제한 없이 팰리세이드, 그랜저, 신형 아반떼, 베뉴, 쏘나타, 투싼 등 차종으로 교체해 사용할 수 있는 프로그램이다. 요금제의 경우 베이직(59만 원), 스탠다드(75만 원), 프리미엄(99만 원)으로 구분하여 이용 가능 차종과 사용자 수에 따라 세분화했다. 월 구독 요금제 안에는 차량 관리 비용은 물론, 보험료, 자동차세와 같은 부대비용도 포함돼 운전자가 평소 차량 관련 비용을 따로 챙겨야 하는 번거로움을 줄일 수 있다. 또, 모든 차량을 주행거리 제한없이 이용할 수 있으며, 1개월 이용 이후에는 해지가 자유롭다는 특징을 가진다. 현대차 관계자에 따르면 지난해인 2019년 기준 현대 셀렉션 가입회원의 50%가 밀레니얼 세대(Millennial generation)일 정도로 젊은 고객 층이 많으며, 특히 신차 구매 전 여러 차량을 비교 체험하거나 단기간 부담 없이 이용할 차량이 필요한 고객으로부터 많은 관심을 받고 있다고 한다.

현대 셀렉션
출처 : 현대자동차 페이스북

국내 최초 비대면 모바일 세탁 서비스를 선보인 런드리고(Laundrygo)는 드라이클리닝과 생활 빨래가 결합된 올인원(All-in-one)서비스, 24시간 하루 배송, 다양한 상품이 결합된 정기 구독 모델 등을 선보이며 국내 세탁 시장의 새로운 혁신을 이끌고 있다. 자체 개발 스마트 빨래 수거함 '런드렛'을 통해 비대면으로 주문부터 세탁, 배송까지 하루 만에 이루어져 세탁소를 직접 찾는 번거로움을 없애고 드라이 클리닝뿐만 아니라 물빨래까지 한 번에 해결하는 올인원 상품으로 바쁜 현대인의 라이프스타일에 최적화된 서비스를 제공하는 것이 특징이라고 할 수 있다. 런드리고는 코로나 위기에도 국내 대표적인 비대면 구독 비즈니스 모델로 인정받으며 서비스 오픈 이래 올해 4월까지 월평균 30%성장해오고 있다.

비대면 세탁 서비스 런드리고
출처 : 런드리고 홈페이지

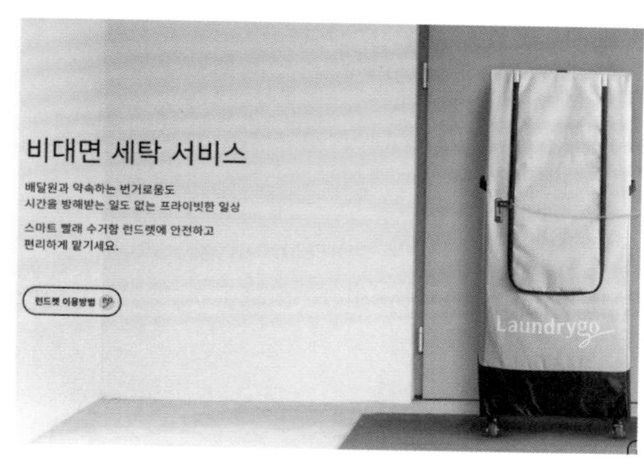

전통주 구독 서비스를 제공하는 술담화는 매월 전통주 소믈리에가 선정한 이달의 술과 그에 맞는 안주를 배송해주는데 젊은 층 사이에서 핫 트렌드로 입소문을 타며 1년 만에 큰 성장을 이뤘다. 구독자 수는 올해 1월 기준 2,000여 명이며 실제 구독자 가운데 80%이상이 20~30대라고 한다.

매달 달라지는 구성의
전통주 구독서비스 '담화박스'
출처 : 술담화 홈페이지

해외의 주요 구독형 서비스의 대표는 아마존 서브스크라이버&세이브(Amazon Subscriber & Save)라고 할 수 있다. 연 119달러만 지불하면 음악, 영화, 책, 게임 중계 등의 무료 사용은 물론 아마존에서 판매하는 상품 중 50% 정도는 무료로 배송받을 수 있다. 또한 면도 용품을 정기적으로 배송해 주는 달러 셰이브 클럽(Dollar Shave Club)이나 해리즈(Harry's)같은 업체나 화장품 샘플을 정기적으로 배송해주는 입시(Ipsy)나 세포라 플레이(Sephora play!)그리고 밀키트나, 패션의류 그리고 반려견을 위한 정기 배송까지 다양한 사례가 있다.

해외 구독형 서비스 Top 10
출처 : 월간식당

순위	유형	내용
1	아마존 서브스크라이버&세이브 (Amazon Subscriber & Save)	연 119달러에 음악, 영화, 책, 게임중계 무료사용 및 아마존에서 판매하는 상품 중 50% 가량에 해당하는 상품 무료배송
2	달러 셰이브 클럽 (Dollar Shave Club)	첫 달에 1달러를 내면 면도기와 면도날 배송, 한달 후부터 면도날 종류에 따라 1달러, 6달러, 9달러 중 선택하면 면도날 정기배송
3	입시(Ipsy)	월 10달러에 매월 다른 파우치 1개, 개인 취향에 맞는 화장품 샘플 5개 정기배송
4	블루 에이프런(Blue Apron)	밀키트 정기배송
5	버치박스(Birchbox)	월 10달러에 매월 럭셔리 화장품 샘플 5종 정기배송
6	세포라 플레이!(Sephora play!)	월 10달러에 매월 화장품 샘플 5종 정기배송
7	해리스(Harry's)	면도용품 정기배송
8	바크박스(Barkbox)	월 20달러에 반려견 장난감 2개, 간식 2봉지 정기배송
9	저스트팹(JustFab)	패션 의류 정기배송
10	헬로프레시(HelloFresh)	밀키트 정기배송

구독서비스는 고객에게 자동화 및 정기적인 서비스라는 편리함을 제공한다. 구독 경제는 소비와 구매를 간편하게 만들어 주기 때문에 반복되는 의사결정에 드는 아까운 시간과 노력을 들일 필요가 없다. 또한 물건을 구입하고 소유하고 관리하는데 드는 비용 부담도 줄여줄 수 있다. 구독 서비스는 상품을 소유하는 것보다 훨씬 낮은 비용으로 더 넓은 선택권을 제공한다. 때문에 소유 자체보다는 경험에 의미를 두는 2030 밀레니얼 세대가 구독 서비스의 주요 소비자가 되고 있다. 시장 조사전문기업 엠브레인의 트렌드모니터가 SNS 사용자를 대상으로 구독 경제 및 구독 서비스 관련 인식 조사를 실시한 결과, 10명 중 7명은 가능한 많은 것을 소유하기보다는 가능한 많은 것을 '경험'해보고 싶다는 바람을 갖고 있는 것으로 나타났는데 이는 결국, 소유보다 구독하는 것이 가성비 있는 소비라고 여긴다는 결과로 분석된다. 제품의 트렌드 전환은 점점 빨라지고 있고, 짧은 기간 동안 더 많은 경험을 하는 방향으로 소비 패턴이 변하고 있는 것이다.

기업의 입장에서도 구독 경제 모델은 매력적인 사업 아이템이다. 기업들이 유료 회원 유치에 적극 나서는 이유는 단골 고객을 확보하기 위해서다. 온라인 마켓에서 유료회원은 일반회원보다 월평균 구매 횟수가 2~3배 많고 구매 비용 또한 일반 회원 대비 한 달에 4배 이상 차이가 난다고 한다. 충성도가 높은 단골 고객이 늘어날수록 기업 매출이 성장하는데 큰 도움이 되는 것이다.

전세계 구독경제 시장규모

출처 : 크레디트스위스(CS), 키움투자자산운용

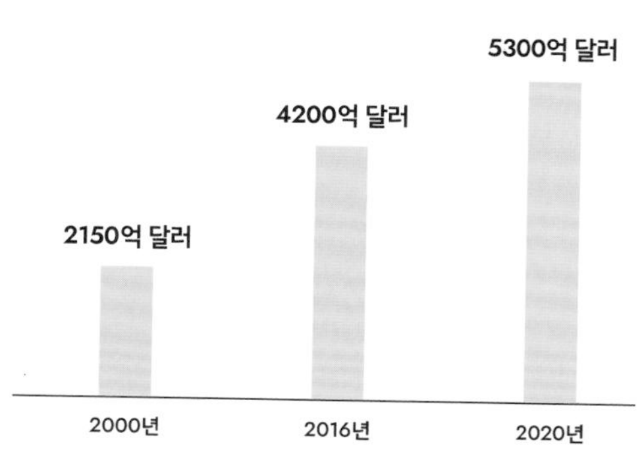

전 세계 구독 경제 시장 규모는 2000년에 2,150억 달러에서 2020년 5,300억 달러로 성장했다. 소비자에게는 감염과 접촉의 불안감을 낮춰주는 것을 넘어 편의성과 비용절감 그리고 다양한 경험을 제공하고, 기업의 입장에서는 반복적이고 안정적인 수익 확보가 가능하다는 점에서 포스트 코로나 시대에도 구독 경제에 대한 수요와 공급은 지속적으로 늘어날 것으로 전망된다.

05 언택트로 변신을 꾀하는 소상공인

Commerce

언택트 결제 서비스의 가속화

언택트 시대에 살아남기 위해
오프라인 매장들은 비대면 서비스를 적극적으로
도입하기 시작했다.
사람과의 접촉을 최소화하는 무인 주문 등
언택트 관련 결제 서비스 또한 각광받고 있다.

소상공인들의 반격, "드라이브 스루로 쇼핑하고, 안면인식으로 결제."

오프라인 매장들은 비대면 시대에 살아남기 위해 적극적으로 '드라이브 스루' 방식이나 비대면 결제 서비스 등을 도입하고 있다. 햄버거와 커피 주문시스템으로 시작한 드라이브 스루(Drive-Thru)는 1930년대에 미국에서 시작되어 차츰 전 세계로 퍼져 나갔다. 차에서 내리지 않고 주문과 구매까지 동선이 짧아 인기가 많은 서비스 방법이다. 맥도날드, 버거킹 등 패스트푸드 브랜드 위주로 드라이브 스루 매장들은 갈수록 증가하는 추세에 있다. 맥도날드의 국내 드라이브 스루 매장은 2016년 200여 개에서 현재 250여 곳에 이르고 있다. 패스트푸드라는 용어처럼 빠르게 주문하고 빠르게 서비스를 받으려는 고객의 편의성을 더욱 증대하겠다는 것이다. 스타벅스 드라이브 스루 매장 방문 고객 역시 점점 늘어나고 있다. 실제로 '스타벅스커피 코리아'는 2020년 1월부터 2월까지 드라이브 스루 매장을 방문해 주문하는 건수가 지난해 동기간 대비 32% 증가했다고 밝힌 바 있다.

패스트푸드 브랜드나 프랜차이즈 기업뿐만이 아니라 전통 시장 등 소상공인들도 드라이브 스루 방식 도입 및 모바일화 등 다양한 변화를 모색하고 있다. 농림축산식품부는 매년 농가들의 소득증대를 위해 과천 경마공원 주차장에서 직거래 장터를 열었는데 올해는 코로나19로 인해 3달여 가까이 열지 못하다 지난 4월 29일 다시 문을 열었다. 다만 구매 방식은 이전과는 다르게 진행되었다. 이곳을 찾은 구매자들은 차에서 내리지 않고 입구에서 발열체크를 한 뒤 차량 창문을 내려 농산물을 구매했는데, 상추·대파·마늘과 같은 야채부터 한우까지 농산물의 종류도 다양했다. 앞으로 매주 수, 목요일 오전 10시부터 오후 5시까지 운영할 예정이다. 수협중앙회는 노량진 수산시장에서 회, 농협은 서울지역본부 주차장에서 돼지고기를 팔았다.

네이버와 서울시 전통시장이 힘을 합쳐 나온 '동네시장' 장보기 기능은 주목할 만하다. 네이버 푸드 윈도에서 진행하는 '동네시장 장보기 서비스'는 우리 동네의 시장 상품을 모아서 2시간 내로 배송해 주는 서비스로, 시장의 반찬들과 간식, 신선한 야채, 과일, 정육까지 편리하게 구매하고 빠르게 받아 볼 수 있는 장점이 있다. 푸드 윈도에서 배달하는 지역은 서울시 12개 구로, 유명한 전통 시장의 다양한 명물들을 집 앞까지 배송해 준다.

네이버 푸드 윈도의 동네시장 장보기 기능
출처 : 네이버 푸드윈도

언택트 결제 서비스의 가속화

무인 주문시스템 모바일 결제 등 언택트 기반 결제 서비스의 경우, 코로나19 이후 탄력을 받아, 더욱 보편화될 전망이다. KFC는 2017년 키오스크(KIOSK)[13]를 도입한 이래 불과 1년 만인 2018년에 특수 매장을 제외한 모든 일반 매장에 키오스크 설치를 이미 마쳤다. 더불어 버거킹과 맥도날드 등 패스트푸드 전문점에서도 키오스크가 보편화하고 있다. CJ올리브네트웍스에서 운영하는 패밀리 레스토랑인 매드포갈릭(Madforgarlic)은 고객 편의성 증대를 위해 매장 내 각 테이블에 놓인 태블릿PC로 메뉴를 터치하기만 하면 주문할 수 있는 '원오더(One Order)' 주문 시스템을 점점 확대해 차별화된 디지털 서비스를 제공하고 있다. 메드포갈릭에 방문한 고객은 테이블에 앉아 종업원을 부를 필요 없이 테이블에 놓인 태블릿PC로 음식을 주문할 수 있다. 주문 내역은 주방에 설치된 모니터에 자동 전송되며, 냅킨, 나이프 등 필요한 물품이나 추가 메뉴도 태블릿PC로 터치만 하면 직원들이 착용한 스마트 워치에 실시간 전송된다. 직원들은 불필요한 동선 낭비 없이 신속하게 응대할 수 있다.

13 정부기관이나 지방자치단체, 은행, 백화점, 전시장 등 공공장소에 설치된 무인 정보 단말기로 동적 교통정보 및 대중교통 정보, 경로 안내, 요금 카드 배포, 예약 업무, 각종 전화번호 및 주소 안내 정보제공, 행정절차나 상품정보, 시설물의 이용방법 등을 제공함. 터치스크린과 사운드, 그래픽, 통신카드 등 첨단 멀티미디어 기기를 활용하여 음성서비스, 동영상 구현 등 이용자에게 효율적인 정보를 제공하는 무인 종합정보안내시스템.

태블릿 오더 시스템을 도입한 매드포갈릭
출처 : 매드포갈릭

페이코는 2019년 8월 모바일 무인 주문 결제 서비스 '페이코 오더(Payco Order)'를 선보였다. 페이코 오더는 스마트폰에서 주문과 결제를 한 번에 처리할 수 있는 서비스로 오프라인 매장에서 온라인 주문처럼 주문할 수 있다. 소비자들은 테이블에 비치된 QR코드를 스마트폰으로 찍어 주문과 결제를 모두 할 수 있어 직원을 부르거나 줄을 서야 하는 수고를 덜 수 있다.

이러한 비대면 기반의 결제 서비스가 활발해지면서 서울시의 제로페이(Zero-pay)의 사용 역시 급증하였다. 한국 간편 결제 진흥원에 따르면 제로페이 누적 결제액이 2,000억 원을 돌파하며 가맹 신청은 물론 상품권 판매 등이 크게 늘었다고 한다. 특히, 제로페이의 경우, 재난긴급생활비 지급 수단으로도 활용되면서 소비자들과 가맹점주들로부터 높은 호응을 얻고 있다.

LG CNS는 더 나아가 기기나 사람을 접촉할 필요 없이 안면 인식만으로 자동 결제가 가능한 커뮤니티 화폐 서비스를 선보였다. LG CNS는 인공지능(A.I.)과 블록체인, 클라우드의 3가지 기술을 결합한 '안면 인식 커뮤니티 화폐' 서비스의 운영을 시작했다. 우선, 식당 입구에 설치된 키오스크에서 고객의 안면을 인식해 신원을 확인하면, 미리 등록된 블록체인 기반의 커뮤니티 화폐로 자동 결제가 이뤄진다. 모든 시스템은 클라우드 기반으로 구축, 작동된다. 스마트카드를 대거나 모바일 앱을 작동한 뒤 QR코드로 결제하는 기존 방식보다 훨씬 간편하다. 또한 기기나 사람 간의 접촉을 없애기 때문에 코로나19와 같은 바이러스 감염 확률을 대폭 줄이는 효과도 있다.

LG CNS 안면인식 커뮤니티 화폐
출처 : LG CNS
LG CNS 직원이 서울 강서구 LG사이언스파크의 본사 지하식당에서 '안면 인식 커뮤니티 화폐' 서비스를 이용해 비대면으로 결제를 진행하고 있는 모습.

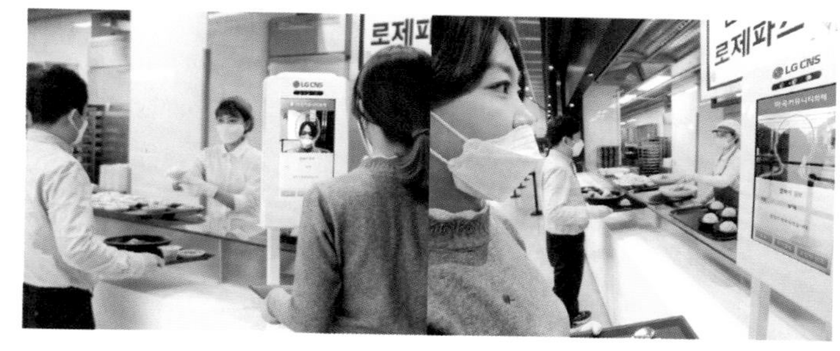

06 체험형 매장의 역습

온라인 쇼핑의 편리함에 익숙해진 사람들을 끌어모으기 위해 오프라인 매장은 살아남을 방법을 모색하고 있다. 그 장소가 아니면 경험하지 못할 콘텐츠를 기꺼이 찾아가는 사람들을 위해 오프라인 매장은 점차 체험형 공간으로 변모할 것으로 보인다.

경험마케팅에서 답을 찾다.
"강렬한 콘텐츠를 제공하는 상점이 살아 남는다."

코로나19 이전까지 우리에게는 무엇을 어디에서 먹을지에 대한 선택권이 있었다. 그러나 코로나19는 우리에게 이러한 선택권을 없앴고, 강제로 '온라인 쇼핑'에 익숙해지도록 만들었다. 그렇다면, 코로나19가 해결된 이후에는 어떻게 될까? 우리는 한 번 맛본 온라인 세계의 편리함을 쉽게 잊고 다시 예전으로 돌아갈 수 있을까? 온라인 쇼핑이 일상화된다면 임대료는 물론 인건비까지 감당해야 하는 오프라인 매장은 과연 어떻게 변해야 살아남을 수 있을까?

전문가들은 코로나19 이후 오프라인 매장의 경쟁력을 '강렬한 콘텐츠'에서 찾는다. 그 장소가 아니면 경험하지 못하는 콘텐츠를 팔아야 한다는 얘기다. 2020년 3월 2일에 문을 연 '갤러리아 광교'의 경우, 세계적 아티스트들의 아트워크부터 오브제, 디자인 브랜드, 라이프스타일 소품 등이 전시되어 있어 단순히 물건을 사는 쇼핑 공간이라기보다는 마치 체험을 위한 거대한 테마 파크같이 느껴지도록 공간을 구성했다. 물건이 아닌, 공간과 콘텐츠를 파는 셈이다. 이에 코로나19가 한창 진행 중인 시점을 감안하더라도 오픈 초반 매일 2만 명 이상의 방문객을 유치하는데 성공했다.

쇼핑뿐 아니라 문화, 예술, 미식 등 다채로운 콘텐트를 제안하는 갤러리아 광교
출처 : 갤러리아

그렇다고 갤러리아 광교처럼 대형 자본이 투입된 공간만이 살아 남는 것은 아니다. 연희동의 양갱집 '금옥당', 서촌의 친환경 편집숍 '서촌도감', 강릉에서 문구와 소품을 판매하는 '포스트카드 오피스(Post Card Office)' 등은 작지만 강한 콘텐츠를 가진 상점들이다.

연희동에 위치한 수제 양갱 전문점 금옥당
출처 : 중앙포토

지속 가능한 생활양식 상점을 표방하는 서촌 도감
출처 : 서촌도감 홈페이지

"개인이 줄 수 없는 경험과 가치를 선보이는 대형 매장과
강한 매력이 있는 작은 매장만이 살아남을 것이다.
결국 크거나 작거나의 문제라기보다
없어졌을 때 아쉬운 상점을 만들어야 한다."
브랜드 컨설팅 전문가
최원석 필라멘트앤코(FILAMENT&CO) 대표 인터뷰 중

14 크라우드 펀딩이란 웹이나 모바일 네트워크를 통해 다수의 개인으로부터 자금을 모아 기업이나 상품에 투자하고, 투자수익금을 배분하는 사업을 뜻함. 와디즈는 자금이 필요한 메이커와 투자자 서포터를 재미난 방식으로 연결해 주고 있는 크라우드 펀딩 기업.

온라인으로 충분히 물건을 잘 판매하고 있는 브랜드는 오프라인 매장이 필요 없을까? 이런 브랜드들의 오프라인 공간은 매출이 아닌 다른 목적으로 활용해도 좋을 것이다. 결과적으로는 단기간에 높은 매출보다는 브랜드를 홍보하고 인지도를 높여서 소비자와의 접점을 늘리는 매장이 더 경쟁력이 있어 보인다. 대표적인 예로 크라우드 펀딩(crowd funding) 회사인 와디즈(Wadiz)[14] 에서는 2020년 4월 오픈한 '공간 와디즈'를 들 수 있다. 공간 와디즈는 상품을 팔아 직접적으로 매출을 올리는 데 목적을 두는 매장이 아니다. 와디즈가 추구하는 크라우드 펀딩을 직접 체험하고 느낄 수 있도록 하기 위해 만들었다. 온라인 쇼핑이 아무리 편리하다고 해도 제품을 직접 보고 만져야 지갑을 여는 사람들이 있고, 제품을 직접 체험하면 더 나은 아이디어와 개선점도 더욱 많이 찾을 수 있기 때문이다. 와디즈 측은 공간 와디즈를 통해 온라인 펀딩을 더욱 활성화시키고 성장시킬 수 있을 것으로 기대하고 있다. 때문에 지하 1층은 스타트업과 관련된 이벤트를 진행하는 광장, 1층은 메이커가 새로운 제품을 선보이는 전시 공간, 2층은 펀딩을 마친 제품을 바로 구매할 수 있는 '메이커 스토어(Maker Store)', 마지막 3층 루프탑은 메이커와 서포터가 자연스럽게 어울릴 수 있는 장소로 사용하고 있다.

공간 와디즈
출처 : 와디즈

침대 브랜드 시몬스(Simmons)의 팝업 매장 '하드웨어 스토어(Hardware Store)'에는 침대 관련 상품은 단 한 가지도 팔지 않고 있다. 이 팝업 매장은 시몬스 150주년을 기념해 만든 철물점으로 안전모·작업복·목장갑은 물론 각종 공구부터 볼펜·양말·야구 모자 등의 굿즈(Goods : 특정 브랜드나 연예인 등이 출시하는 기획 상품)를 판다. 시몬스의 1950년대 광고가 입혀진 틴 케이스, 시몬스 배송기사가 썼던 모자, 시몬스 로고가 박힌 공구와 굿즈가 함께 언급된다. 크기는 약 11.5㎡(3.5평), 한 번에 2~4명만 들어올 수 있는 좁은 매장 앞에는 오픈 시간 전부터 항상 긴 줄이 늘어서 있다. 제품이 없어도 매장 자체가 하나의 거대한 광고판이 된 셈이다. 시몬스 팝업 스토어 프로젝트를 총괄한 김성준 시몬스 브랜드 전략팀 상무는 한 인터뷰에서

"밀레니얼 세대에게 통할 수 있도록 '힘을 뺀' 재미있는 공간을 만들고 싶었다. 실질적 매출보다는 브랜드를 친근하게 체험할 수 있도록 만든 매장이다."

성수동에 문을 연 '시몬스 하드웨어 스토어' 팝업 매장 전경
출처 : 시몬스

라고 설명했다. 프로젝트 렌트는 소규모/신진 브랜드를 위한 오프라인 팝업 대여 공간으로 오프라인 매장의 광고 효과를 극대화한 공간으로 평가받고 있다. 약 **19.8㎡(6평)** 남짓의 작은 매장은 월 단위 혹은 주 단위로 주인이 바뀐다. '작은 브랜드의 의미 있는 이야기를 전한다'는 콘셉트로 한시적 매장을 열고 싶은 작은 브랜드들이 이곳을 대여하고 있다. 실제로 이곳에서 팝업 매장을 운영한 문구숍 '프렐류드(**Prelude**)'는 **SNS** 팔로워가 **200%** 이상 증가했고, 서점 '오키로북스(**5kmbooks**)'는 온라인 판매가 **300%** 급증했다고 한다. 프로젝트 렌트를 운영하는 최원석 필라멘트앤코 대표는 한 인터뷰에서

> "잘 만들어진 공간이라면 기꺼이 찾아가는 사람들이 늘고 있다. 브랜드를 알리고 콘텐트를 보여주는 데 온라인보다 오프라인 공간이 훨씬 유리할 수 있다."

라고 말한다. 이처럼 온라인 마켓의 역할 증가는 역설적으로 오프라인에서의 경험을 더욱 중요한 것으로 만들어가고 있다.

프로젝트 렌트 전경

출처 : 프로젝트 렌트 인스타그램

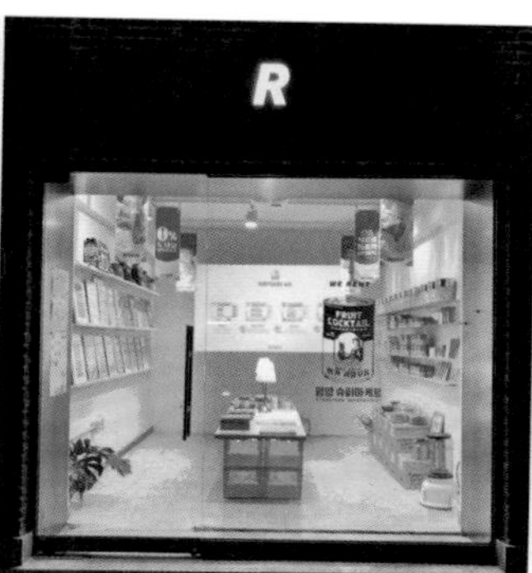

SUMMARY

"언택트 시대에 온라인 소비가 고성장하고 있으며 특히 중장년층이 온라인 쇼핑의 주요 고객으로 부상하면서 유통시장의 주도권이 온라인으로 더욱 확산될 것으로 보인다."
안주원 하나 금융 투자 연구원

일련의 코로나19 사태를 겪으면서, 온라인 마켓의 역할이 점점 커지고 있다. 이렇게 커진 온라인 마켓의 역할을 지속적으로 유지하기 위해서는 신규로 유입된 50-60 고객들 중 코로나19가 수습된 이후에 얼마나 많은 고객층을 지속적으로 유지할 수 있냐는 것이 큰 과제 중 하나일 것으로 보인다. 코로나19 사태 중 어머니에게 마켓컬리 쇼핑법을 알려드렸는데, 로그아웃이 되는 바람에 로그인 방법을 모르시는 어머니를 위해 결국 본인이 온라인 주문을 계속 해드리게 되었다는 지인의 웃지 못할 에피소드를 들은 적이 있다. 이렇듯 로그인이라는 작은 벽을 넘지 못해 온라인 쇼핑에 실패하고 좌절한 경험은 50-60대에게 "온라인 쇼핑은 역시 어렵다."라는 인식을 심어 줄 수 있다. 때문에 중장년층의 성공적인 온라인 쇼핑 록인(Lock-in)을 위해서는 좀 더 손쉬운 로그인이나, 결제, 환불 방법 등에 대한 대안이 반드시 필요해 보인다. 서비스 이용이나 환불 등에 대해 친절하게 알려줄 음성 서비스, 콜센터 등 현재 자녀들이 해주고 있는 온라인 주문 대행자의 역할을 할 누군가가 필요한 것이다.

코로나19로 인한 비대면 소비 트렌드로 탄력을 받은 택배 및 물류업은 장기적으로도 지속 성장할 것으로 전망된다. 새벽배송, 당일배송, 바로배송, 24시간 배송 등 기존의 배송 솔루션이 이용자의 편의만을 위한 것이었다면 앞으로의 배송은 차량, 패키지까지 고려한 친환경 에코 배송이나 더 나아가 고도의 경쟁 속에 방치되고 있는 택배 근로자들의 처우와, 업무 환경 개선도 고려할 필요가 있어 보인다. 또한 로봇 창고나 드론 배송 등 무인 배송과 관련된 투자도 늘어날 것으로 보인다.

공유 경제는 지고 구독 서비스가 뜨고 있다. 우리가 흔히 알고 있는 컨텐츠에 대한 구독에서 나아가 자동차, 세탁, 반찬과 도시락 등 그 영역이 점차 확대되고 있다. 소유가 아닌 공유를 생각하던 시대가 이제는 더 이상 공유를 원치 않는 것이다. 공유 경제는 지금까지 대규모 자본이 투자되면서 빠르게 확산되었고, 소비 트렌드를 바꾸어 온 영역이었다. 코로나19로 인한 사람들의 공유 서비스에 대한 부정적 인식을 극복할 수 있는 전략 탐색이 절실히 필요해 보인다.
오프라인과 온라인의 경계는 더욱더 허물어진 형태로 이용자에게 다가갈 예정이다. 특히, 코로나19 이후 급속도로 늘어난 '라이브 커머스'의 경우, 쇼핑에 재미까지 더해진 라이브 쇼의 형태로 유튜브 같은 하나의 유희로 발전할 가능성이 높아 보인다. 또한 무인결제 시스템 등의 언택트 서비스는 오프라인 곳곳에 스며들어 보편화될 전망이다.
유통의 주도권이 온라인으로 간 상황에서 오프라인 매장의 살길은 온라인에서는 충족하기 어려운 체험형 컨텐츠 개발로 보인다. 또한 오프라인 매장은 단순 판매를 위한 상점이 아닌, 하나의 브랜드 광고판의 역할까지 겸할 수 있다.
이향은 성신여대 교수(서비스·디자인공학과)는 한 인터뷰에서

"온라인 세계에서 한계를 느낀 젊은 세대는
손으로 직접 만지고 체험하며 경험할 수 있는
물리적 '꺼리'를 원하고 있다.
비효율적이고 귀찮아도 오프라인 공간에서
시간을 보내고, 직접 만난 사람들과 영향을
주고받는 데서 심리적 만족감을 느낀다."

고 설명했다. 이렇듯 중장년층의 사용성까지 고려하여 좀 더 빠르고 편리한 온라인 쇼핑 경험을 제공하는 것과, 아날로그적인 체험을 경험할 수 있게 해주는 공간에 대한 수요는 앞으로도 지속적으로 높아질 것으로 보인다.

다이닝 컬쳐 앤 레저 커머스 워크 앤 에듀

Chapter 2

Dining

Post Covid-19

주방의 부활

kitchen

주방의 부활

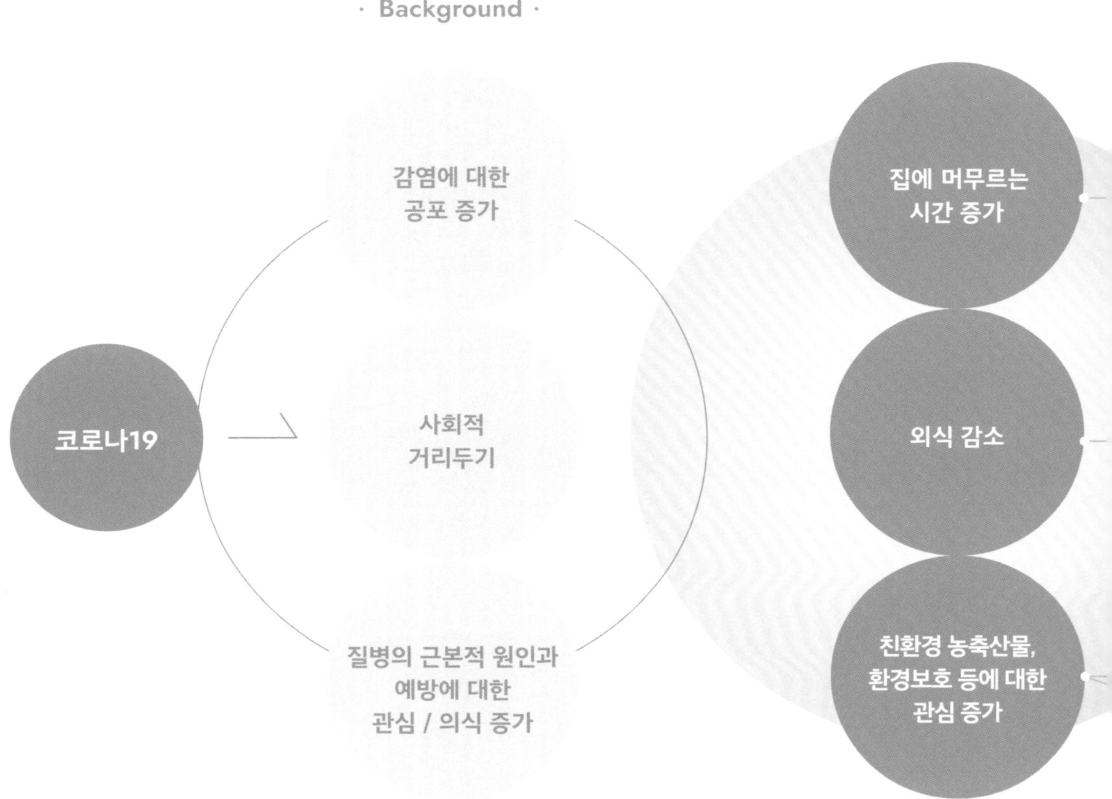

코로나19가 식문화에 미친 영향과 변화에 대한 도식
출처 : 바이러스디자인 UX Lab

"100년 전만 해도 사람들은 옷을 지어 입었다.
20년 뒤면 사람들은 음식을 직접 하지 않을 것이라 확신한다."

내스퍼스(Naspers Limited)의 CEO, 밥 반디크(Bob van Dijk)
파이낸셜 타임즈(Financial Times), 2019.05.21

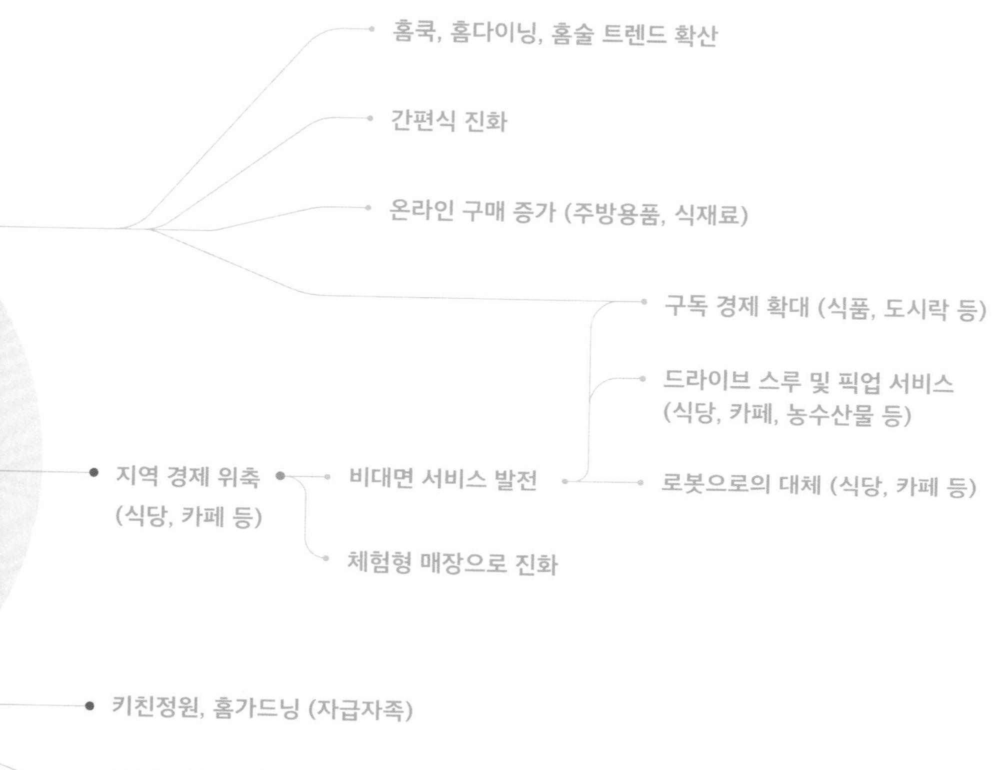

2019년 05월 21일 파이낸셜 타임즈(Financial Times)와의 인터뷰에서 미디어 회사 '내스퍼스(Naspers Limited)'의 CEO(Chief Executive Officer, 최고경영자)인 밥 반디크(Bob van Dijk)가 한 말이다. 코로나19 이전 식품 산업의 트렌드는 '주방이 사라진다' 였다. 배달음식과 가정 간편식 등의 성장으로 인해 사람들이 점점 집에서 요리를 하지는 않게 될 것이라는 것이다. 그러나 코로나19 확산 이후, 사람들이 강제 '집콕'을 하게 되면서 상황이 많이 달라졌다. 점점 더 많은 사람들이 주방을 찾고 요리를 시작하게 된 것이다. 재미있는 사실은 지난 30년 동안 존재했던 3번의 불황[1]에는 한 가지 공통점이 있는데, 불황의 순간마다 소비자들은 집에서 무언가를 만들어 먹는 것을 선호했다는 것이다.

1 1997년 아시아 외환 위기, 2008년 글로벌 금융 위기, 그리고 2010년 그리스발 유럽 부채 위기.

2 요리에 필요한 손질된 식재료와 딱 맞는 양의 양념, 조리법을 세트로 구성해 제공하는 제품. 조리 전 냉장 상태의 신선 식재료를 배송하며, 소비자가 동봉된 조리법대로 직접 요리해야 함. 외식보다 저렴하면서도 건강한 식사를 할 수 있고, 재료를 구입하고 손질하는 시간이 절약된다는 장점이 있음.

코로나19 이후 우리의 식문화는 어떠한 방향으로 바뀌게 될까? 감염에 대한 공포 증가와 사회적 거리두기 정책 시행은 우리가 집에 머무는 시간을 증가시켰으며, 그동안 일상적으로 즐겨왔던 외식을 감소시켰다. 또한 질병의 근본적 원인과 예방에 대한 관심이 증가하면서 친환경 재료를 포함한 안전한 식재료에 대한 관심이 증가하였고 면역력을 증가시킬 수 있는 건강한 음식과 생활에 대한 관심이 높아졌으며 환경 보호에 대한 의식도 높아졌다.

이러한 영향 요인들에 의해 나타난 식문화의 변화를 5가지 정도로 살펴보고자 한다. 우선 홈쿡과 홈다이닝의 증가이다. 집에서 보내야만 하는 긴 시간을 지루함이 아닌 즐거움으로 보내기 위해 많은 이들이 '요리'를 시작한 것이다. 또한 요리를 시작한 이들이 더욱 쉽고 간편한 방법이지만 훌륭한 음식을 맛볼 수 있도록 도와주는 간편식과 밀키트(Meal Kit)[2] 그리고 요리 컨텐츠들이 진화하고 있다. 또한 요리를 시작한 사람들이 자신들이 먹는 음식에 대한 관심이 높아지면서, 유기농 신선식품, 로컬 푸드(Local Food)에 대한 수요도 높아질 전망이다. 그리고 이러한 수요는 내가 먹는 채소 정도는 직접 재배하는 도시 농부의 증가로 이어질 가능성이 있다. 다음으로 기존 육류 공장들이 공급 문제가 생기면서, 이러한 위기를 기회로 맞이하여 대체육이 성장하고 있다. 가격 경쟁력의 강화와 유통망의 확장뿐만 아니라 소비자들의 건강과 환경에 대한 인식이 변화하면서 대체육 시장 성장은 더욱 가속화될 것으로 보인다. 마지막으로, 집 밖의 식문화도 달라진다. 코로나19 이후 지역상품을 소비하는 로컬라이제이션(Localization) 소비형태가 늘어났으며, 비대면 시대에 맞추어 발 빠르게 디지털 전환을 시도하는 식당들도 점점 늘어나고 있다. 이처럼 코로나19로 인한 식문화 변화 다섯 가지에 대해 사례들과 함께 자세히 살펴보겠다.

01 홈쿡과 홈다이닝의 증가

Dining

코로나19 이후,
사람들과의 접촉이 줄어들고
집에서 보내는 시간이 길어지면서 간편한 음식을
선호하던 사람들이 집에서 요리를 해먹기 시작했다.
정성스러운 요리의 즐거움을 깨닫기 시작한 사람들은
다양한 방법으로 그 경험을 유지하고자 한다.

킬링 타임에서 인조이 타임으로,
"언택트 시대의 홈쿡, 훌륭한 유희가 되다."

코로나19 이후, 사람들과의 접촉이 줄어들고 집에서 보내는 시간이 길어지게 되면서 집에서 보내는 시간을 보다 창의적으로 보낼 방법들을 생각하게 되었고 그 중 대표적인 것 중의 하나가 집에서 요리하는 홈쿡(Home Cook)이다.

한국에서 모 연예인이 방송에 레시피를 공개하여 화제가 된 믹스커피에 뜨거운 물을 붓고 400번 이상 저어야 완성되는 달고나 커피를 비롯하여, 1,000번 이상 저어야 완성된다는 수플레 오믈렛 그리고 알리고 치즈감자, 솜사탕, 아이스크림, 제티떡, 꿀타래, 메이플 시럽 잼 등 평소라면 절대 시도하지 않았을 어렵고 오래 걸리는 요리를 시도하고, 개인 SNS(Social Network Services)에 포스팅 하는 것이 하나의 놀이 형태로 자리 잡았다.

코로나19 이후 유행한
달고나커피 포스팅

출처 : 인스타그램
#달고나커피 해시태그 검색

#달고나커피
게시물 181,032
관련 해시태그 #카페놀이 #레몬에이드 #메가커피 #비엔나커피 #녹차라떼 #탐앤탐스 #커피스타그램 #폴바셋 #음료수

이러한 현상은 국내에만 국한된 것이 아니다. 구글 코리아에 따르면 **2020**년 **3**월 셋째 주 이후 구글에서 '달고나 커피' 검색량이 **1,800%** 증가했으며, 지난 **4**월 **30**일 전 세계의 인기 레시피 검색어 중 '달고나 커피' 검색량이 **4,700%** 이상 늘었고, 달고나 커피를 뜻하는 '저어서 만드는 커피 레시피'는 **850%** 이상 증가했다고 한다. 구글 코리아 관계자는

> " 달고나 커피가 세계 각지로 전해지며 서로의 심심함을 달래고 격리 생활을 공감하고 응원하는 '마법의 레시피'가 됐다. 세계인이 여전히 연결돼 함께 어려움을 극복해 나가고 있다는 것을 확인하는 계기로 해석할 수 있을 것. "

이라고 말했다. 미국에서는 유산균과 효모를 발효시켜 만드는 데만 **24**시간이 걸린다는 '사워도우 빵' 만들기가 유행이다. 인스타그램에 **#sourdough** 라는 태그가 걸린 포스트만 **300**만 건이 넘는다. 그 뿐만이 아니라 집에서 파스타 생면 뽑기 등 '할머니의 비밀 레시피' 비법을 공유하는 손자 손녀들의 포스팅이 넘쳐나고 있다.

사워도우(SourDough)
출처 : 인스타그램

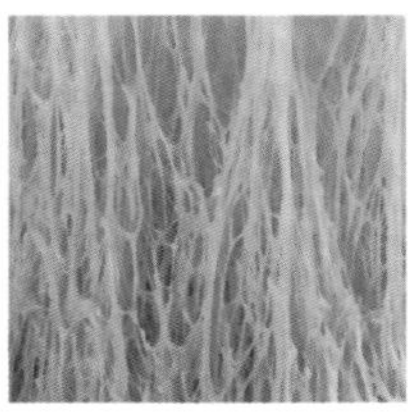

로이터(Reuters, 2020년 3월 13일자)에 따르면, 코로나19 이후 외식을 하거나 신속하게 배달을 시켜 먹는 것을 당연하게 생각하던 젊은 중국인들조차 집에서 요리하기 시작했다고 한다. 이러한 현상은 코로나19가 불러온 단순 유행에 지나지 않을 것일까? 시장조사기관인 닐슨(Nielsen)에 따르면, "코로나19 사태가 끝난 이후 집에서 더 자주 요리해서 먹을 것인가?" 라는 질문에 대한민국, 중국, 베트남 등의 아시아 국가들은 물론 터키, 이탈리아, 포르투갈까지 대부분의 국가에서 62% 이상의 사람들이 '그렇다'라고 응답했다고 한다. 이렇듯 코로나19로 확산된 소비자의 다이닝에 대한 태도와 행동의 변화는 한동안 지속될 것으로 보인다. 일부는 이전의 식습관으로 돌아가겠지만, 이미 홈다이닝(Home Dining)에 익숙해지고 그 즐거움을 깨달은 이들은 코로나19 사태 이전 보다 '더욱 자주' 집에서 식사를 하며 그 경험을 유지할 것으로 보인다.

코로나 사태가 끝난 이후 집에서 더 자주 요리해서 먹을 것이다

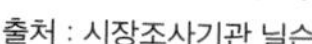
출처 : 시장조사기관 닐슨

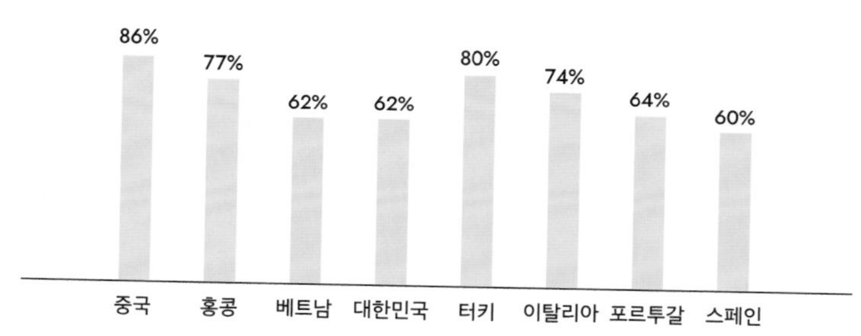

02 밀레니얼의 홈쿡 솔루션

Dining

요리를 쉽게 배울 수 있게 해주는 다양한 기술과 서비스들이 요리가 낯선 밀레니얼까지 끌어들이고 있다. 미리 손질이 완료된 식재료, 영양에 적합한 맞춤 식단과 친절한 레시피들은 요리의 번거로움이 아닌 즐거움만을 느낄 수 있도록 도와준다.

간편하지만 우아한 다이닝을 경험하게 하다

오픈 서베이(Open Survey)의 장보기 트래킹 결과에 따르면, 간편식 취사량은 2016년 7월부터 2019년 12월까지 약 4년의 기간동안 약 3% 성장하였다고 한다. 이렇듯 본래 식습관의 변화는 급격하게 일어나는 것이 아니라 마치 가랑비에 옷이 젖듯 서서히 일어난다. 하지만 코로나19 직후인 2020년 1월부터 3월까지 약 두 달의 기간 동안 간편식 취식량이 약 5%나 성장한 것을 볼 수 있다. 이는 대한민국 소비자의 식습관 및 식단에 있어 코로나19가 지난 4년간의 변화를 압축한 것보다도 더 큰 변화를 단 2달 내에 초래하였다는 하나의 증거로 볼 수 있다. 중국도 예외는 아니다. 2020년 1월 한 달 기준 약 100만 건이었던 중국 앱스토어의 상위 5개 레시피 앱 다운로드 수는 2월 한 달 동안 약 225만 건으로 늘어났으며, 중국의 온라인 콘텐츠 데이데이쿡(DayDayCook)의 신규 가입자는 1월과 2월에 다른 달 대비 3배 이상 증가하였다. 밀레니얼 세대(Millennials Generation, Millennials)[3] 에게 주방은 그들의 부모 세대에 비해 낯선 존재이다. 요리를 쉽게 배울 수 있도록 도와주는 디지털 미디어와, 재료를 미리 손질해서 배달해주는 서비스 등의 등장은 밀레니얼 세대에게 요리 과정에서 귀찮은 부분을 쏙 빼고, 즐거움만 남길 수 있도록 도와주고 있는 것이다.

3 미국에서 1982~2000년 사이에 태어난 신세대를 일컫는 말. 이들은 전 세대에 비해 개인적이며 소셜네트워킹서비스(SNS)에 익숙하다는 평가를 받고 있음.

코로나19로 인한 간편식 취식량 증가 추이

출처 : 오픈서베이 장보기 트래커

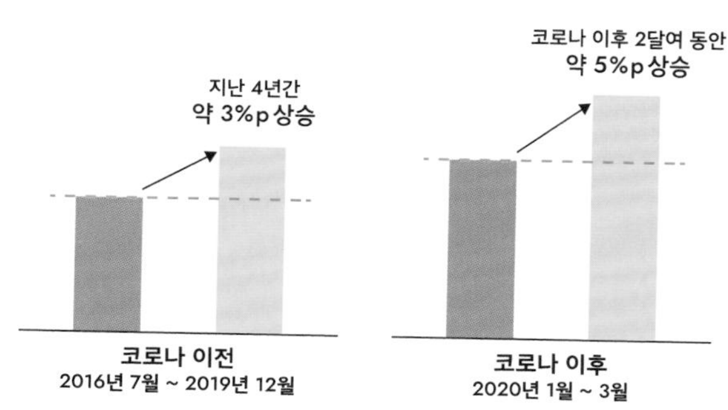

4 집에서 바로 음식을 할 수 있도록 모든 식재료를 다듬고 정리해서 요리법과 함께 배달해 주는 서비스를 제공해 주는 미국 회사.

5 독일 베를린에 본사를 둔 국제적으로 거래되는 밀키트 회사로, 미국에서 가장 큰 밀키트 제공 업체.

6 가정식 대체식품의 약자로 일종의 즉석식품. 일부 조리가 된 상태에서 가공·포장되기 때문에 간단한 조리로 혼자서도 신선한 음식을 먹을 수 있다는 장점이 있음.

미리 손질된 재료를 집에서 받아 간편하게 요리할 수 있는 밀키트(Meal Kit) 시장은 코로나19이후 크게 주목받고 있다. 올해 2월까지만 해도 매각설이 심심치 않게 나돌던 미국의 밀키트 서비스 '블루 에이프런(Blue apron)'[4] 이나, 독일의 '헬로 프레시(Hello Fresh)'[5] 역시 최근 주가가 급등했으며, CJ제일제당의 밀키트 브랜드 '쿡킷(Cookit)' 또한 2020년 3월 매출이 전월 대비 약 100% 성장했다. 이는 코로나19발생 초기 HMR[6] 제품을 주로 취식하던 소비자들이 코로나19가 장기화되면서 선택의 폭을 넓혀가게 되면서 밀키트의 매출 또한 상승한 것으로 분석되고 있다.

블루 에이프런의 주가

출처 : Blue apron

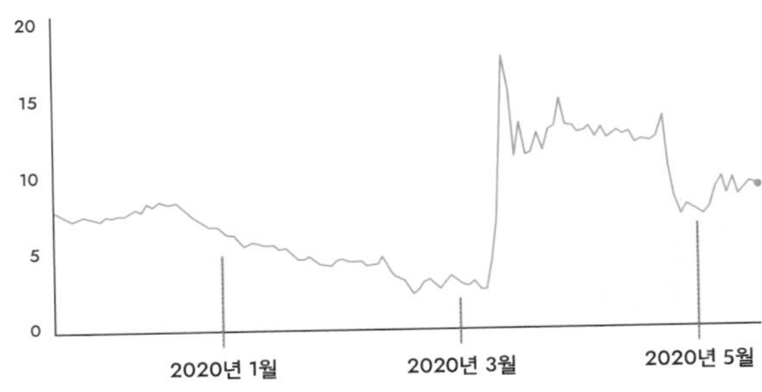

밀키트 배달 서비스인 미국의 블루 에이프런(Blue apron)

출처 : Blue apron

단순 레시피 제공이나, 손질된 식재료를 넘어, 더욱 복합적인 서비스를 제공하는 업체들도 눈에 띈다. 미국의 레시피 구독 서비스 업체인 플레이트 조이(Plate Joy)는 '가상 영양사'를 모토로 개인별 라이프스타일에 맞는 식단, 레시피, 쇼핑 목록을 유료로 제공한다. 특히, 무엇을 만들어야 할지에 대한 아이디어가 없는 사람들을 위해 냉장고에 있는 재료만으로 손쉽게 만들 수 있는 요리를 제안해 준다. 또한 이전에 구매한 식재료 정보를 바탕으로 쇼핑 목록까지 구성해 주어 버려지는 식재료를 최소화할 수 있게 도와준다.

미국의 레시피 구독 서비스
플레이트 조이(Plate Joy)
출처 : 플레이트 조이

미국의 주방 용품브랜드인 이퀄 파츠(Equal Parts)는 프라이팬, 냄비 등의 제품을 판매한 이후, 소비자와 요리코치를 1:1로 연결하는 텍스트 어 셰프(TEXT-A-CHEF)서비스를 제공한다. 구매자가 제품과 함께 받은 번호로 궁금한 점을 적어 문자 메시지를 보내면 8주 동안 요리 전문가가 답해주는 형식이다.

이퀄 파츠(Equal Parts)
출처 : 이퀄파츠 인스타그램
경험이 풍부한 셰프와 고객을 일대일로 연결해 주는 서비스를 제공함.

전통적인 레스토랑들의 변화도 감지된다. 오프라인 레스토랑에서 반조리 식품이나 음식을 만드는 재료를 판매하기 시작한 것이다. 미국의 피자 체인 캘리포니아 피자 키친(California Pizza Chicken)은 코로나19사태가 발발하자 기존 메뉴를 반조리 제품으로 판매하고 과일과 채소, 우유, 소시지 등을 판매하였으며, 베이커리 카페 파네라(Panera)에서는 빵과 디저트류 및 우유, 달걀, 신선 식품 등 요리에 쓰이는 재료를 판매, 온라인으로 미리 주문하면 배달해 주거나 고객이 픽업할 수 있도록 하는 '파네라 그로서리(Panera Grocery)'를 운영하기 시작했다. 샌드위치 브랜드 서브웨이(Subway)역시 일부 매장에서는 빵, 치즈, 베이컨 등을 판매하거나 배달해 주는 '그로서리(Grocery)'서비스를 제공한다.

베이커리 카페 파네라(Panera)
출처 : 파네라 공식 사이트

샌드위치 전문점서브웨이(SUBWAY)의 식료품 판매 및 배달 서비스
출처 : 서브웨이 공식 사이트

멕시코 요리점 '보카 산타(Boca Santa)'는 음식에 들어가는 말린 콩과 히비스커스 꽃잎 등 지역에서 생산되는 유기농 재료를 판매하기 시작했다. 보카 산타의 주인인 나탈리 헤르난데즈(Natalie Hernandez)는, 2020년 4월 7일 뉴욕 타임스(The New York Times)와의 인터뷰에서 이렇게 말했다.

"손님들에겐 와서 먹는 것 이상으로
다양한 니즈가 있다고 생각해요.
매번 멕시칸 요리를 하기 위해 마트에 가는 건 어려운 일이니까,
그래서 음식재료를 담은 박스를 팔기로 했어요."

오프라인 매장에서 반 조리 제품이나 신선 제품을 판매하는 이러한 형태는 코로나19의 영향으로 생겨난 일시적인 현상일 수도 있다. 누군가는 장사가 안돼 이것저것 팔아보는 것이라고 생각할 수도 있다. 하지만 생각해보면, 누구나 마트에 가서 장을 볼 때 뭘 사야 할 지 막막해 본 경험이 있을 것이다. "오늘 저녁은 뭐 먹지?"야 말로 인류 최대의 고민인 것이다. 이것저것 닥치는 대로 요리 재료를 구입하여 재료를 낭비하는 대신, 먹고 싶은 요리의 재료를 해당 요리의 전문점에서 정량으로 구입할 수 있다는 것은 어떤 이들에게는 매우 매력적인 서비스로 다가올 수 있다. 그리고 이 작은 시작으로 인해, 우리의 식탁, 나아가 주방 공간이나 다이닝 문화에 변화가 올 수도 있지 않을까?

03 짧아지는 푸드 마일즈

Dining

코로나19로 인해 사람들은
주변의 가까운 먹거리들을 탐색하기 시작했다.
식재료의 원산지와 유통 경로에 대해 관심을 가지고
지역 농산물을 찾는 것을 넘어서 집에서 직접
식물을 재배하는 먹거리 자립을 시도하기도 한다.

내가 먹고 마시는 것에 더욱 깐깐해지는 소비자들, "어디에서 왔을까?"

먹을거리가 생산자의 손을 떠나 소비자의 식탁에 오르기까지의 이동거리를 뜻하는 푸드 마일즈(Food Miles)이라는 용어가 있다. 이 용어는 1994년 영국 환경 운동가 팀 랭(Tim Lang)이 창안한 것으로 알려져 있는데 재료가 생산, 운송, 소비되는 과정에서 발생하는 환경 부담의 정도를 나타내는 지표로 사용된다. 쉽게 말하면 푸드 마일즈가 크면 클수록 먼 지역에서 수입한 식품을 더 많이 먹고 있다는 것이다.

코로나19 이후, 자신이 먹는 음식이 어떻게 만들어 졌는지에 대한 관심이 높아지고 있다. 미국의 레스토랑 평점 사이트 "옐프(Yelp)"[7] 에 따르면 미국 소비자들의 지역 농장에 대한 관심도는 2020년 3월 한달간 이전 달 대비 455%나 증가했다고 한다. 이는 인근에서 재배한 유기농 식품으로, 이른바 로컬 푸드(Local Food)에 대한 수요가 높아진다는 것을 의미한다.

7 국내의 망고플레이트와 다이닝 코드와 같이 내 주변 혹은 특정 음식과 관련된 레스토랑을 추천, 소비자의 평점과 리뷰를 업로드 하는 사이트.

"코로나19로 인해 소비자들은 자신이 먹는 음식에 대해 알고 싶어 한다. 이는 지역 농장에서 바로 수확한 신선 식품에 대한 관심으로 이어진다. 식품 안전에 대한 높아진 경각심과 더 영양가 있는 음식을 먹고 싶다는 욕구는 지역 농산물의 소비를 끌어 올릴 것이다."
포브스(Forbes), 2020.03.31

8 제조업체가 유통 단계를 제거하고 온라인 몰 등에서 소비자에게 직접 제품을 판매하는 방식.

그리고 이러한 로컬 푸드에 대한 수요와 관심 증가는 코로나19로 인해 식품 분야에서 제조업체가 유통 단계없이 직접 온라인 몰을 통해 소비자에게 물건을 판매하는 D2C(Direct to Consumer)[8] 방식의 도입을 증가시키고 있다.

"그 어느때 보다 사람들은 집에서 요리를 많이 하고 있다.
식품 분야는 이제야 의류, 뷰티 분야에서 볼 수 있었던
D2C트렌드 수요에 발맞추고 있다."
워싱턴 포스트(The Washington Post), 2020.04.14

미국 캘리포니아에서 어민들로부터 해산물을 사들여 도매로 판매해온 워터2테이블(Water 2 Table)이라는 업체는 매일 아침 100여개의 레스토랑에 해산물을 공급해왔는데, 코로나19 이후 하루아침에 주문건수가 0건이 된 후, 기존의 직원들까지 내보낼 정도로 어려운 상황에 처했었다. 그러나 위기를 기회로 이용하여 온라인으로 해산물 주문을 받기 시작했고, 점점 사람들 사이에 입소문이 나기 시작하면서 배송지역도 넓어져 이제는 트럭 6~7대로 매일 해산물 배송을 하고 있다. 그리고 해고했던 직원들까지 모두 복귀시켰다고 한다.
국내에서는, 자체 온라인 몰, 소셜 네트 워크서비스(SNS) 등을 통해 농산물을 묶어 판매하는 농산물 꾸러미 제품이 인기다. 특히 채소나 과일의 경우 상하기 쉽기 때문에 대부분이 기존에는 대형마트나 동네 상점 등에서 직접 사는 것을 선호해 왔는데, 코로나19 이후 거리두기 문화와 당일배송 시스템이 더해지면서 온라인 직거래 구입이 급증하고 있다. 경상남도는 이러한 추세를 반영하여 자체 온라인 쇼핑몰인 'e경남몰'에 친환경 농산물 구입 시스템을 만들고 운영하기 시작했다. 또한 도교육청과 손잡고 개학 지연에 따라 급식을 위한 납품처가 사라져 구매처가 없어진 농가를 위해 소셜 네트워크 서비스(SNS)로 농산물을 묶어 판매하는 '농산물꾸러미' 제품도 내놨다. 경상남도 김경수 지사는 "농산물꾸러미 사업이 농가 지원에 우선 목표가 있지만 새로운 농산물 수급시스템을 만드는 계기도 될 수 있을 것으로 보인다."고 말했다.

농산물 직거래를 넘어, '내가 먹을 것은 내손으로 키우자' 라는 움직임도 포착되고 있다. 미국 뉴욕 타임스의 기후 담당 기자인 켄드라 피에르 루이스(Kendra Pierre Louis)는 코로나19로 인해 재택근무에 들어가면서 옥수수를 키워 보기로 마음먹었다. 그리고 그가 한 종자회사에 전화했을 때 뜻밖의 이야기를 듣게 된다. "우리가 가지고 있는 모종 및 종자들이 마치 화장지처럼 팔려 나가고 있어요." 이처럼 식료품부터 화장지까지 사재기를 뜻하는 공황구매(Panic Buying)가 이어지고 있는 상황에서, 미국과 영국, 호주 등지에서 식물 종자와 채소 모종에 대한 수요가 급증하고 있다. 이러한 수요는 도널드 트럼프 미국 대통령이 코로나19 확산에 대해 국가비상사태를 선포한 날을 기점으로 주문량이 폭주했다고 한다. 영국 왕립원예협회에 따르면 영국에서도 채소를 재배하는 인구가 늘어나고 있다고 한다. 식물 종자 판매회사인 저스트씨드(Just Seed)에 따르면, 당근, 상추, 콩, 토마토 등의 주문량이 코로나19 이후 크게 늘었으며, 자급자족 및 집콕 중인 자녀의 교육을 위한 구매라고 한다. 영국 콘월에 살고 있는 찰스 호스킨(Charles Hoskin)은 3주간 자택에 격리되면서 식물을 키우기 시작했다고 한다. 한 인터뷰에서 호스킨은 "코로나19가 확산하면서 식물 재배를 시작했다."며 "샐러드를 쉽게 먹을 수 있을 뿐만 아니라, 지속가능한 라이프스타일을 즐길 수 있을 것."이라고 했다. 호주 ABC방송에 따르면 "격리기간에 무언가 바쁘게 할 활동을 찾고 있는 소비자들이 자급자족 텃밭에 관심을 보이고 있다."고 한다. 호주의 온라인 종자 판매 회사인 씨드프레크(Seed Freaks)의 경우, 판매량이 코로나19 이전 대비 20배 가까이 증가했다고 한다. 씨드프레크(Seed Freaks)의 소유주인 린다 코크번(Linda Cockburn)에 따르면 호주 전역에서 시금치, 콩, 무, 상추 가릴 것 없이 모든 야채를 구매해 가고 있다고 한다.

'가정식물재배 붐' 은 미주나 유럽뿐만 아니라 국내에서도 나타나고 있다. 2019년 경기도 하남에서는 국내 최초로 도시농부를 위한 도시농업 백화점 '채가원'을 열었다. 채가원은 '채소.가정.원예'의 줄임말로 도시텃밭과 주말농장을 가꾸는 도시농업인들에게 편의성을 제공하는 한편, 한국 도시농업 문화를 널리 알리는 장소가 되길 바라는 마음을 담았다고 한다. 미국이나 유럽과는 달리, 아파트 생활을 주로 하는 한국의 경우 집안에서 어떻게 채소를 재배하는 것일까? 보통은 큰 스티로폼 박스나 직사각형의 플라스틱 화분에 흙을 채우고 거기에 씨앗을 뿌려 채소를 키워낸다. 그것이 우리가 아는 보편적인 집안 텃밭의 형태일 것이다.

그러나 가정용 식물 재배기가 속속 등장하면서부터 사정이 좀 달라졌다. LG전자나 삼성전자같은 대형 가전 업체뿐만 아니라 농업과는 연관이 없어 보이는 일반 기업이나 인테리어 업체까지 나서서 가정용 식물 재배기 시장으로 뛰어들고 있다. 식물 재배기란 식물의 생장에 필요한 모든 것들을 인공적으로 공급해주는 장치라고 생각하면 된다. 식물 재배를 가능하도록 하기 위해 빛, 수분, 토양, 온도 등을 인공적으로 조절하고 공급한다. LG전자는 세계가전박람회인 CES 2020을 통해, 복잡한 채소재배과정을 대부분 자동화한 냉장고형 식물 재배기를 선보였고, 올해 하반기 '하베스'라는 이름으로 렌탈 제품을 출시한다고 밝혔다. 냉장고 안에 있는 4개의 선반을 활용해 한꺼번에 재배할 수 있는 채소가 무려 24가지이다. 새싹채소는 약 2주, 잎채소는 약 4주, 허브는 약 6주가 지나면 재배가 완료된다. 삼성 전자에서도 CES 2020을 통해 식물재배기를 선보인 바 있다. 삼성의 식물재배기의 경우, LG전자와 유사한 형식이며, '카메라 선반 모드' 로 식물 재배 상태를 자동으로 확인할 수 있다.

LG전자의 가정용 식물 재배기

출처 : LG전자 공식 블로그

야외 재배보다 더 빠르게 키우는 경험을 제공함.

교원웰스의 경우 2017년부터 식물재배기 '웰스팜(Wells-Farm)' 렌탈 서비스를 시작하였다. 매월 2만 원대 비용을 지불하면 원하는 채소 모종을 정기적으로 배송 받아 직접 키울 수 있다. 2개월 주기로 웰스팜 전문 엔지니어가 방문해 케어 서비스를 제공한다.

교원 웰스팜

출처 : 웰스팜

2개월마다 웰스매니저가 방문하여 체계적인 관리를 도와줌.

인테리어 전문 기업인 한샘에서도 식물재배기와 인테리어를 결합한 '시티팜(City Farm)'이란 상품을 내놓았다. 한샘의 시티팜은 흙과 햇빛이 없어도 작물 재배가 가능한 올인원 키트(All-in-one Kit)로 LED조명이 햇빛의 역할을 대신한다.

한샘에서 출시한 식물재배기 시티팜
출처 : 한샘몰

이처럼 식물 재배는 명상이나 달리기처럼 마음의 안정을 유지하기 위한 공황 구매의 하나의 사례일 수도, 안전한 식재료에 대한 관심이 높아진 덕분일 수도, 도시 아이를 위한 교육적인 목적일 수도 있다. 어떤 이는 식량 안보를 심각하게 고민하고, 누군가는 먹거리 자립을 선언하기도 한다. 그리고 경기 침체 시대에 나타나는 일종의 신호라는 분석도 있다.

> "미국에서 1930년대 후반 대공황을 기억하는 노인들은 '지금은(대공황 때처럼) 우리가 먹을 식량을 키워야 할 때'라고 말한다."
> 비영리단체 네이티브 씨드서치(Native Seed Search)의 노아 슐라거(Noah Schlager)

미국에서는 1·2차 세계대전 당시 '승리의 텃밭'이라는 활동이 있었다. 전시 상황에서 식량안보를 지키기 위해 텃밭을 가꾸자는 운동으로, 2차 세계 대전 당시 약 2,000만 개 텃밭에서 전국 채소 공급량의 40%를 생산했다고 한다. 사실 이 운동은 이미 구시대의 유물이 되었지만, 이번 코로나19 국면을 맞으면서 비슷한 운동이 재개됐다. 지역 네트워크 운동가인 네이트 클라인만(Nate Kleinman)은 정치적 색깔을 빼고 새로운 협동조합 형식의 텃밭 가꾸기 조직을 결성하였는데, 1,000명이 넘는 사람이 참여 의사를 밝혀 왔다고 한다. 재미있는 사실은 2008년 있었던 금융 위기 당시에도 직접 채소를 키우기 시작한 사람들이 있다고 한다. 즉, 역사적으로도 공황 혹은 불황이 올 때마다 많은 사람들은 텃밭을 가꾸는 행동 패턴을 보이는 것이다.

04 대체육의 기회

Dining

코로나19의 영향으로 육류 공장들이 문을 닫으면서
육류 공급에 차질을 빚자 동물의 고기 대신
콩과 식물성 기름으로 만든 대체육이 각광받고 있다.
식품 기술의 발전으로 진짜 고기보다
더 고기같은 대체육이 등장하면서
관련 시장이 급속도로 성장할 것으로 보인다.

가짜 고기의 역습, 위기를 기회로 만든 대체육

9 인공적인 방식으로 만든 고기. 동물 세포를 배양한 고기와 식물 성분을 사용한 고기로 나뉨. 동물 세포 배양 방식은 시간·비용이 많이 들고, 식물 성분 고기는 맛과 향이 진짜 고기와 다름. 최근 식물성 단백질에 핏물과 육즙을 재현한 제품이 속속 나오고 있음.

코로나19로 인해 육류 공장들이 문을 닫으면서 육류 대란이 발생하고 있다. 이러한 기회를 틈타, 도살장 대신 실험실에서, 동물의 피와 살 대신 콩이나 식물성 기름을 사용해서 만든 이른바 대체육[9]이 육류 시장의 판을 뒤집을 수도 있다는 분석이 나오고 있다.

미국의 타이슨 푸드(Tyson Foods)와 스미스필드 푸드(Smithfield Foods), JBS 등 육류가공업체 20여 곳이 코로나19 여파로 공장 문을 닫았다. 특히 미국 최대 육류 업체인 타이슨 푸드의 아이오와주 페리에 있는 공장에서는 전체 노동자의 60%인 730명이, 워털루 공장에서 1,031명의 노동자가 코로나19 양성 반응을 보였는데, 이는 전체 공장 근로자(2,800여 명)의 37%에 해당하는 숫자다. 이처럼 육류 공급망이 심각한 차질을 빚자 관련 기업들도 비상이 걸렸다. 미국 패스트푸드 체인점 웬디스(Wendy's)는 매장 5,500곳 가운데 5분의 1 정도가 소고기가 들어간 제품을 팔지 못했다. 다른 패스트푸드 업체인 맥도날드(McDonald's)와 버거킹(Burgerking)도 육류 공급 상황을 주시하고 있다. 미국 농무부에 따르면 4월 마지막 주 미 전역 소고기 생산량은 지난해 같은 기간보다 25%, 돼지고기는 15% 감소했다. 미 소매점의 신선육 가격은 8% 상승했다.

소·돼지·닭고기 평균가격 변화 (전년 동기 대비)

출처 : 닐슨 리서치

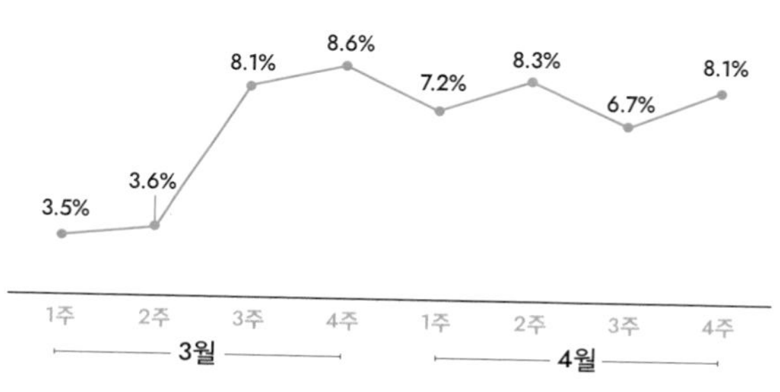

"대체 고기 제조업체에게는
평생 한 번 올 만한(Once-on-a-lifetime)기회이다.
패스트 푸드 햄버거는 품절이고 마트에서는
1인당 고기 구매량을 제한하고 있다.
지금이야 말로 소비자들을 끌어 들일 수 있는 절호의 찬스다."
블룸버그(Bloomberg), 2020.05.08

이러한 육류시장의 침체와는 반대로 식물성 단백질로 '진짜'고기처럼 만드는 기술을 개발해 적용하고 있는 미국의 대표적인 대체육 제조기업인 비욘드 미트(Beyond Meat)에 따르면 해당 업체의 올해 1분기 매출이 작년 보다 141%가 증가했다고 한다. 이 업체는 지난 3월 5억 달러(약 6,000억 원) 규모의 투자 유치에도 성공했다.

비욘드 미트 분기별 매출
출처 : 비욘드미트

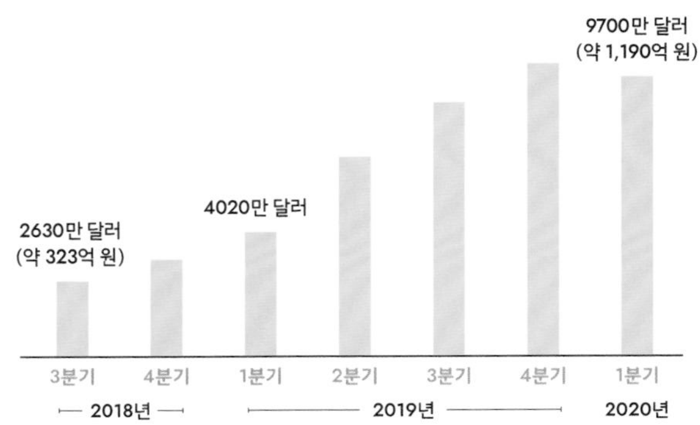

콩의 뿌리 혹에 있는 식물성 헤모글로빈을 이용하여 대체육을 제조하는 임파서블 푸드(Impossible Foods)가 진출한 매장은 올해 초 150곳뿐이었지만, 미국의 슈퍼마켓 체인점인 크로거(Kroger)매장 1,700곳에 대체육 제품을 판매하기 시작했다. 대체육 35종을 파는 토퍼키(Torfurky)의 경우, 최근 12주간의 매출이 40% 증가했으며, 역시 대체육을 판매하는 모닝스타 팜(MorningStar farms)의 3월 매출 역시 66%나 증가했다고 한다.

코로나 사태에도 웃는 대체육 제조 푸드테크 기업

출처 : 조선일보 유지한 기자

유형	내용
비욘드 미트	1분기 매출 전년 대비 141.4% 증가, 캐나다·중국 스타벅스 진출
임파서블 푸드	미국 전역 1,700여곳 식료품점에 제품 출시 3월 5억 달러 규모 투자 유치
토퍼키	최근 12주 매출 40% 증가
모닝스타 팜	3월 매출 66% 증가

그렇다면 이처럼 대체육 시장이 급속하게 성장하고 있는 배경에는 어떤 것들이 있을까? 먼저, 가격 경쟁력의 강화를 그 이유로 들 수 있다. 사실 기존 대체육의 경우, 일반 육류보다 가격이 비싼 편에 속했다. 예를 들어, 비욘드미트(Beyond Meat)의 버거용 패티는 파운드당 12달러로 기존의 일반 소고기 패티가격(5.54달러) 대비 2배에 달했다. 그러나 코로나19를 계기로 기존 육류가격이 급격하게 올라가면서, 기존에 비싼 가격 때문에 구입이 망설여졌던 대체 고기에도 가격 경쟁력이 생기기 시작한 것이다. 실제로 국제식품정보위원회(International Food Information Council, IFIC)가 2019년 미국인 천 명을 조사한 결과 63%가 대체육의 가격이 하락한다면 더 많이 소비할 의향이 있다고 밝혔다. 이에, 대체육 업체들은 가격을 더 낮추는 등의 공격적인 할인행사를 통해 고객 유치에 적극적으로 나서고 있다.

두 번째로, 유통망의 확장을 들 수 있다. 지금까지 대체육은 일부 패스트푸드점이나 레스토랑의 비건 옵션 등으로 유통이 되는 경우가 많았다. 그런데 코로나19를 계기로 이들 대체육들이 일반 마트까지 진출하기 시작했다. 앞에서 언급했듯이 임파서블 푸드는 미국 슈퍼마켓 체인점인 크로거의 1,700곳에서 판매하기 시작했고, 이미 타 마트에 입점한 '토퍼키(Tofurky)'의 경우 여기저기에서 공급망을 늘려 달라는 요청을 많이 받고 있다고 한다. 바야흐로 마트에서 대체육을 손쉽게 구매할 수 있는 시대가 열린 것이다.

마지막으로, 대체육에 대한 인식의 변화를 이유로 들 수 있다. 올해 4월까지 미국의 육류·가금류 산업 종사자 가운데 코로나19 확진자는 5,000여 명에 이르며, 이 중 20명이 사망했다. 이에 비위생적인 공장식 도축 환경이 많은 문제로 제기되었는데, 공장식 도축이란 최대한 많이 효율적으로 생산하기 위해 직원들이 한꺼번에 밀접하여 맡은 부위를 도축하는 방식을 말한다. 이에 반해 대체육의 경우, 공장 대부분이 자동화되어 인력을 많이 필요로 하지 않아 더 위생적이라는 장점이 있다.

대체육 시장의 급성장에 맞추어 네슬레(Nestle)나 켈로그(Kellogg) 등의 식품 대기업들도 앞다투어 대체육 출시에 박차를 가하고 있다. 네슬레는 2017년 비건 식품 회사 '스위트 어스(Sweet Earth)'를 인수해 유럽 맥도날드(McDonald's)와 코스트코(Costco) 등에서 채식 버거인 '어썸 버거(Awesome burger)'를 판매 중이며, 식물성 햄, 소시지, 베이컨 등도 생산하고 있다. 켈로그도 대체고기 사업을 확장하기 위해 '인코그미토(Incogmeato)'라는 브랜드를 최근 출시했다.

네슬레(Nestle)의 채식 버거 시리즈
출처 : 네슬레 공식 홈페이지

켈로그(Kellogg)의 인코그미토(Incogmeato)
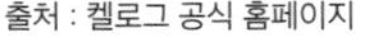
출처 : 켈로그 공식 홈페이지

스타트 업체에게도 대체육은 도전할만한 분야이다. 스페인의 스타트업 '노바 미트(Nova Meat)'는 세계최초로 3D프린터로 고기를 만드는데 성공했다. 100g을 만드는데 쓰이는 재료 등의 비용도 3달러에 불과하다고 한다. 바이오 스타트업 '키버디(Kiverdi)'는 NASA의 연구 결과를 활용해 대기 중 이산화탄소를 갈색의 단백질 분말(Air Protein)로 전환하는 기술을 개발하여, 이 분말을 사용하여 대체고기 시제품을 만들고 있다.

완두콩과 해초로 만든 3D프린팅 스테이크 노바미트(Nova meat)
출처 : 노바미트

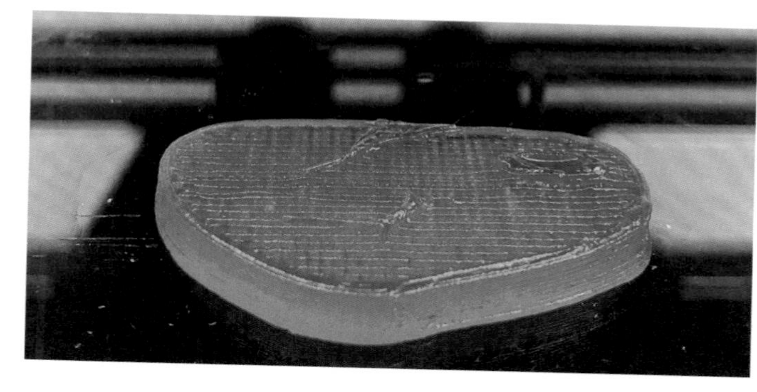

대기 중 이산화탄소를 단백질 분말로 만들어 고기를 만드는 키버디(kiverdi)
출처 : 키버디

이와 같이 코로나19는 대체육 시장의 규모 성장을 주도하는 동력이 되고 있다. 시장조사 업체 마케츠 앤 마케츠(Markets and Markets)에 따르면 세계 대체육 시장은 현재 121억 달러(약 14조 8,000억 원)에서 2025년에는 279억 달러(약 34조 2,000억 원)까지 성장할 것으로 전망된다고 한다.

대체육 시장 성장 규모 예측
출처 : 마케츠 앤 마케츠

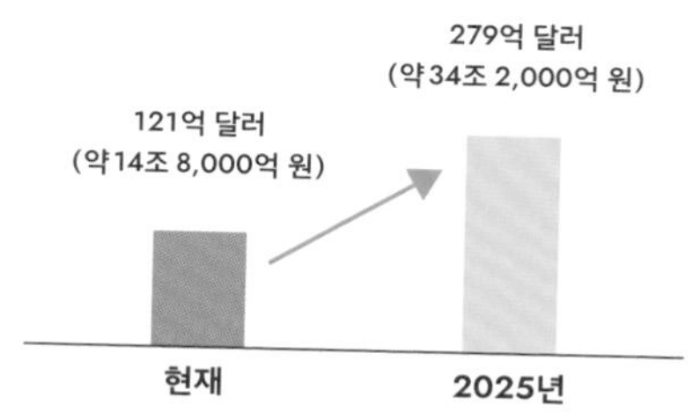

05 디지털 전환의 가속화

Dining

타인과의 접촉이 많은 외식 대신
간편식과 배달식을 선호하게 되면서
오프라인 식당들은 소비자들을 잡기 위해
비대면 서비스를 활발하게 도입하기 시작했다.
로봇과 언택트 서비스를 중심으로 하는
디지털 전환은 식문화 전체를 변화시킬 것으로 보인다.

식당의 변신은 무죄, "식당의 디지털 전환이 가속화되다."

외식으로 먹던 메뉴를 간편식이나 배달음식으로 집에서도 쉽게 즐길 수 있게 되고, 코로나19로 인한 사회적 거리두기로 매장 방문을 꺼려하는 소비자들이 늘어나는 상황 속에서 더이상 '맛'만으로는 소비자를 유혹하기 어렵다.

"소비자들의 눈에는 보이지 않는 거대한 소프트웨어 전쟁이 앞으로 음식과 식품 산업에서 발전할 것이다."
페이팔(PayPal) 공동 창업자이자 모바일
결제회사 어펌(Affirm)의 CEO인 맥스 레브친(Max Levchin)
비즈니스 인사이더(Business Insider) 2020.4.29

앞서 언급하였듯이, 코로나19로 시작된 '사회적 거리두기' 캠페인이 끝난 이후에도 오프라인 매장에서의 비대면 서비스는 계속 늘어날 것으로 보인다. 이제 오프라인 매장들도 손님들의 온라인 경험을 높이고, 온라인에서 구매할 수 있도록 디지털로 무장해야 한다는 의미다.

이런 관점에서 한 단계 앞선 디지털 전환을 통해 발빠르게 비대면 비즈니스를 미리 준비한 던킨 도너츠(Dunkin Donuts)는 좋은 예가 될 수 있다. 첫째, 던킨에서는 모바일 앱을 통해 고객을 분석하고 맞춤 서비스를 제공한다. 2012년 출시하여 누적 다운로드가 1,300만 이상인 이 앱은 앱을 실행시킨 뒤 매장과 픽업 방식, 그리고 메뉴를 선택한 뒤 결제하면 주문이 완료된다. 모바일 앱에서 QR코드만 찍으면, 현금, 카드 등 결제 수단에 상관없이 1달러당 5포인트가 쌓이고, 200포인트를 모으면 무료 음료가 주어진다. 12개의 별을 다 모아야 무료 음료쿠폰이 주어지는 스타벅스와 비교했을 때 꽤 파격적인 리워드 시스템이다. 이러한 리워드 시스템은 더 많은 고객들을 모바일 앱으로 끌어들일 수 있는 훌륭한 당근이 된다. 이렇게 모인 고객들의 수많은 데이터를 통해 고객을 분석하고 맞춤 서비스가 이루어지는 것이다. 예를 들면, 쿠폰, 할인권 등 혜택을 제공할 때 일괄적으로 제공하는 것이 아니라, 고객의 정보나 구매 내역의 분석에 따라 선별적으로 제공한다.

둘째, 앱(App)을 여는 것조차 귀찮게 느껴지는 고객이라면 음성 인공지능(A.I.)를 이용할 수도 있다. 인공지능 음성 비서인 '구글 어시스턴트(Google Assistant)'와 '아마존 알렉사(Amazon Alexa)'를 통한 서비스이다. 사용자가 "던킨에서 주문해줘."라고 말하면, 인공지능이 앱 주문 이력을 분석하여 방문 빈도가 높은 매장과 즐겨먹는 메뉴를 추천해준다. 메뉴를 고르고 나면 매장 픽업(Pickup)과 드라이브 스루(Drive-Through)방식 중 하나를 선택하고, 방문 시간을 설정하면 결제가 자동으로 이루어지는 방식이다. 오프라인 매장에서도 인공지능 추천 서비스를 준비 중이다. 고객이 매장에 들어오면 천장에 달려있는 센서 카메라가 고객의 성별, 나이는 물론 기분까지 파악하여, 이에 맞는 음료를 추천해준다.

던킨 도너츠(Dunkin Donuts)

출처 : 블룸버그, 던킨도너츠

음성 인공지능(A.I.) 알렉사(Alexa)가 주문을 대신해주고 오프라인 매장에 달린 카메라로 고객을 분석하여 음료를 추천함.

셋째, 같은 드라이브 스루인데도 던킨은 차가 멈춰있을 시간이 없다고 평가받을 정도로 빠른 시스템을 자랑한다. 2019년 한 패스트푸드 전문매체가 조사한 10대 외식 브랜드 드라이브 스루 속도 조사를 보면 주문 창구에서 입을 뗀 순간부터 제품을 받기까지 던킨이 걸린 시간은 평균 216.75초로 1위를 차지했다. 빠른 서비스의 비결은 투트랙(Two-track)방식에 있다. 던킨의 드라이브 스루는 일반 드라이브 스루와 온더고(on-the-go)로 길이 나뉘어 있다. 온더고란 모바일 앱으로 미리 주문하고 픽업만 하러 온 사람들을 위한 서비스이다. 드라이브 스루가 불가능한 매장에서도 차에서 내리지 않고 받아 갈 수 있는 방법이 있다. 앱 주문시 수령방식을 '커브사이드 픽업(Curbside pick-up)'으로 선택하면 지정된 픽업 시간에 맞춰 직원이 제품을 주차장까지 가져다 준다.

던킨도너츠의 투웨이 드라이브 (Two-way Drive) 방식과 커브사이드 픽업(Curbside Pickup)
출처 : 보스턴, 던킨도너츠

마지막으로, 커피 사물함 서비스나 매장내 셀프 서비스 등의 확장을 통해 최소한의 접촉까지도 없애려는 노력들을 하고 있다. 커피 사물함 서비스는 앱 주문 시 미리 픽업 시간을 설정하며, 매장 한쪽에 마련된 사물함에서 주문한 음료를 가지고 가는 서비스다. 밀려드는 사전 주문을 해결하기 위해 기다리는 시간을 최소화하는 방안으로 사용되고 있다. 키오스크로 주문 후 아메리카노나 콜드브루 등을 탭에서 직접 담아가는 셀프서비스는 인건비 감소는 물론 직원과의 접촉을 최소화하는 대안적인 서비스로 확대 예정에 있다.

던킨도너츠의 픽업 락커 (Pickup Locker)와 음료 셀프서브바(Self-Serve Bar)
출처 : 비즈니스인사이더, 던킨도너츠

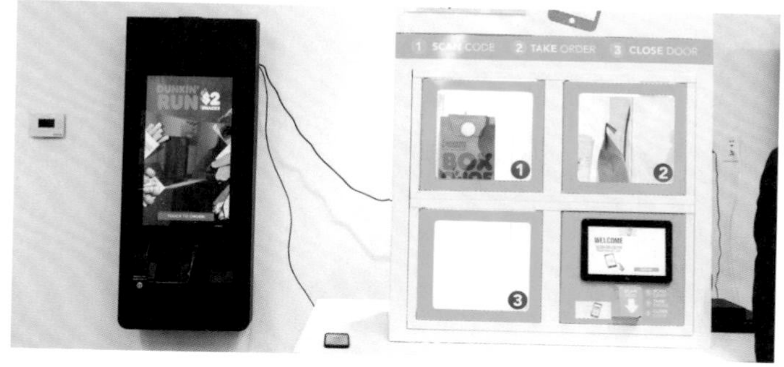

이러한 노력 덕분에 투자전문 매체 '더 스트리트(The Street)'도 던킨의 향후 성장성(Growth)과 투자 효율성(Efficiency)에 5점 만점 중 4.5점을 부여하며 다음과 같이 평가했다.

> " 던킨 그룹은 (코로나19로 인한) 대규모 폐쇄 리스크가 제한적이다. 대신 이번 위기는 드라이브 스루 등 이전에도 매출의 상당 부분을 차지해왔던 비대면 서비스 의존도를 높일 것이다."
> 더 스트리트(The Street) 2020.04.13

국내에서는 코로나19 장기화로 비대면 서비스에 대한 선호도가 점차 증가하는 가운데 서비스 로봇에 대한 인기가 증가하는 추세이다. LG전자는 CJ푸드빌이 운영하는 레스토랑 '빕스(Vips)'에 'LG 클로이 셰프봇(LG CLOi Chefbot)'을 확대 투입했다. 클로이 셰프봇은 고객이 국수 코너에서 원하는 재료를 그릇에 담아 건네면 뜨거운 물에 국수 재료를 넣어 삶고, 다시 그릇에 담고 육수를 부어 요리를 완성한다. LG전자는 셰프봇이 실제 요리사처럼 움직일 수 있도록 요리사의 움직임을 세밀히 연구해 개발한 모션제어 기술, 다양한 형태의 조리기구를 조리 순서에 맞춰 자동으로 바꿔 끼우는 스마트 툴 체인저(Smart Tool Changer)기술 등을 클로이 셰프봇에 적용했다.

빕스에 설치된 LG 클로이 셰프봇
출처 : LG전자

'배달의 민족'을 운영하는 푸드테크 기업 우아한 형제들이 그동안 개발해 온 외식업의 미래기술이 적용된 '메리고 키친(Merry-Go-Kitchen)'도 있다. 테이블에 배치된 QR코드를 통해 주문할 수 있는 메뉴를 확인하고 선택, 주문, 결제까지 마치 집에서 배달 앱을 사용한 것과 동일한 절차를 거친다. 매장 내에는 고객과 직원의 동선, 주방과 테이블 간의 거리 등을 감안해 가장 최적화된 두 종류의 로봇이 배치되어 있다. 음식이 완료된 후 직원이 주문한 테이블 번호를 입력하면 로봇이 레일을 따라 움직이다 테이블 앞에 정확히 멈춰 선다. 로봇이 전달한 음식을 테이블로 옮긴 뒤 버튼을 누르면 이 두 대의 로봇은 다시 레일을 타고 돌아가는 형식이다. 우아한형제들의 실내 서빙 로봇 '딜리(Dilly)'는 지난해 11월부터 상용화가 시작돼 현재 전국 16개 식당에 23대가 공급되있다. 로봇의 서빙을 받는 식당이 이미 우리의 일상 속에 들어와 있는 셈이다. 배달의 민족은 50여 곳의 식당에 무료로 딜리를 제공하는 '로봇 딜리 지원 프로그램'을 선보여 총 164곳의 식당 업주들이 신청을 완료했다고 밝혔다. 실제로 로봇을 사용해본 점주 들의 반응도 좋은 편이다. 무거운 그릇을 끊임없이 나르는 일을 로봇이 대신해주면서 직원들의 고객 응대 서비스 질이 높아졌다는 것이다.

우아한 형제의 서빙 로봇 딜리(Dilly)

출처 : 배달의민족

커피 업계에서도 로봇 카페가 큰 인기를 끌고 있다. 달콤커피의 로봇카페 '비트(b;eat)'는 원격 앱 주문 결제, 픽업 알림이 가능한 미래형 무인 스마트 카페다. 최근 '비트(b;eat)'의 앱 멤버십 누적 가입자 수는 10만 명을 돌파했으며, 앱을 통한 주문도 70%가 넘는다. 비대면 결제와 24시간 무인 운영이 가능한 비트 매장은 코로나19 이후에도 확산 이전과 비슷한 수준의 주문량을 유지하고 있다고 한다. 특히 최근에는 고속도로 휴게소 1호점인 '정안알밤휴게소점'도 오픈하여, 24시간 비대면 무인으로 서비스를 제공한다.

로봇카페 비트의 모습

출처 : 달콤커피

이러한 현상에 대해 달콤커피 B2B 출점 전략팀 이민현 팀장은 한 인터뷰에서 "원격 앱 주문 결제, 픽업 알림이 가능한 미래형 무인 스마트 카페로서 '비트'에 대한 업계 관심이 높다. 최근 오프라인에서도 비대면 소비 트렌드가 확대되고 있어, 향후 다양한 B2C 상권에서 로봇카페를 경험할 수 있을 것이다." 라고 하였다. 코로나19는 식문화에 있어서도 언택트 서비스와 로봇을 통한 가파른 디지털 전환을 가져오고 있다. 미래학자 마틴 포드(Martin Ford)는

> " 사람들은 상호작용과 같은 인간적 요소들을 원했지만,
> 코로나19로 이 생각이 바뀌고 있다.
> 코로나19가 소비자의 패턴을 바꿈으로써
> <자동화>라는 새로운 기회의 문이 활짝 열렸다."

고 설명한다. 마틴 포드의 말처럼 자동화가 지금과 같은 속도로 진행된다면 멀지 않은 미래에는 로봇이 경제의 주요 구성원이 될 수도 있을 것이다.

SUMMARY

코로나19의 확산은 근래에는 보기 힘들 정도로 급격한 식문화의 변화를 가져왔다. 배달음식과 외식에 익숙한 밀레니얼 세대들이 요리를 시작하게 만들었고, 자신이 먹는 음식 재료에 대한 관심도 높였으며, 심지어 전통적인 육류시장에서도 대체육이라는 큰 변화를 만들어낸 것이다.

이러한 현상들을 깊이 들여다보면 일련의 공통점들이 있는데, 밀레니얼들은 복잡하고 어려운 절차는 빼고, 쉽고 간편하고 즐거운 요리의 과정만을 경험하길 원한다는 것이다. 그리고 그 요리 과정의 끝에 나오는 결과물은 반드시 인스타그램 등 소셜 미디어에 올릴 수 있을 만큼 멋지고 쿨해야 한다. 예를 들어 이제 사람들은 3분 요리 같은 간편식이 아니라, 모든 재료를 이미 씻고 다듬어 레시피와 함께 제공하는 밀키트나, 마트에서 무엇을 사야 할지 고민할 필요 없이 전문 식당에서 제공하는 식재료나 반조리 식품을 구매한다. 전문가는 아니지만 결과물은 전문가가 한 것처럼 보이길 원하는 것이다. 또한 수고나 정성을 좀 더 들이더라도 사람들에게 자랑할 수 있을 만한 레시피로 만든 음식들을 인스타그램에 올리고 공유한다. 나의 의식을 보여줄 수 있을 만한 식재료를 구매하거나 더 나아가 직접 재배에 나서기도 한다. 때문에, 이러한 밀레니얼들의 성향을 반영한 요리를 쉽고 간편하게 만들어주는 에어 프라이어와 같은 조리기구나, 마치 요리사가 요리한 것 같은 모양과 맛을 재현해주는 고급 밀키트 상품, 그리고 요리한 음식을 돋보이게 하는 그릇이나 접시 등의 테이블웨어(**Tableware**) 소비는 지속적으로 높아질 것으로 예상된다. '미래의 소비자(**The Customer of the Future**)'의 저자 블레이크 모건(**Blake Morgan**)은

"소비자들이 안전과 건강에 그 어느 때보다
많은 주의를 기울이고 있다.
또한, <자동화>는 소비자들의 건강을
지킬 수 있도록 돕는다.
그리고 소비자들은 이를 수행하는
회사들에 대한 보상을 지불할 것."

이라고 말했다. 이처럼 오프라인 매장들의 경우 생존을 위해 비대면 서비스를 받아들이고 있다. 스마트 주문이나 키오스크 같은 비대면 주문 결제 서비스나, 로봇 직원들은 이제 더 이상 생소한 미래기술이 아니다. 다만 이러한 무인화, 자동화 등 급격한 변화 속에서 반드시 고려되어야 할 부분은 디지털 소외계층이다. 특히 젊은 세대보다 상대적으로 디지털 환경이 낯선 고령층의 경우 자연스럽게 디지털 소외 현상을 겪고 있다. 모바일 뱅킹, 무인 주문 시스템, 홈페이지나 앱 위주의 예매, 예약 시스템 등 디지털 소외계층이 느낄 수 있는 두려움과 어려움을 물리적으로 해결해 주는 방법을 연구하는 것이 앞으로 제품 디자인에 있어서 가장 큰 과제로 보인다.

다이닝 컬처 앤 레저 커머스 워크 앤 에듀

Chapter 3

Culture & Leisure

Post Covid-19

현실과 가상의 경계를 넘나들다

Borderless

현실과 가상의 경계를 넘나들다

코로나19로 인해 여행 제한, 사회적 거리두기, 다중이용시설 이용 금지 등의 조치가 장기간 지속됨에 따라, 오프라인 기반으로 운영되던 문화예술 및 여행 산업 분야는 큰 타격을 입을 수밖에 없었다. 빅데이터 분석 기관인 엠포스(**eMFORCE**) 데이터랩의 보고서에 따르면, 영화, 여행, 콘서트, 공연, 연극 뮤지컬을 비롯하여 헬스 / 피트니스 등 문화예술과 관련된 모든 분야에 대한 관심 또한 작년 대비 줄어들었다.

작년 동기 대비 분야별 관심도

출처 : 엠포스 데이터랩

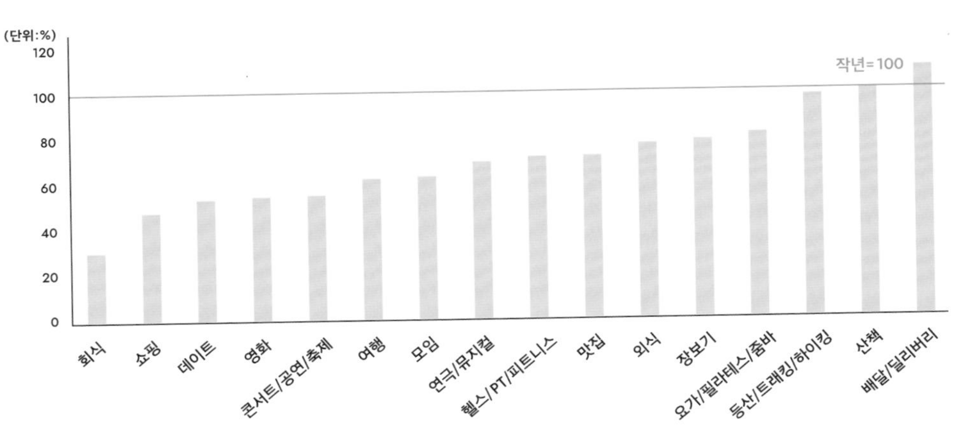

이와는 대조적으로 집에 콕 틀어 박혀서 지낸다는 의미의 '집콕'이란 단어를 SNS 에서 언급한 비율은 작년 대비 642%나 증가했다. 또한 집에서 하는 요리, 운동, 음주, 식사를 의미하는 홈쿡, 홈트, 홈술, 홈밥 등에 대한 언급량도 함께 증가했는데, 이는 코로나19 확산으로 인해 집에 있는 시간이 늘어난 변화된 일상을 보여주는 가장 단적인 예라고 볼 수 있다.

집, 홈 관련 언급량 추이
출처 : 엠포스 데이터랩

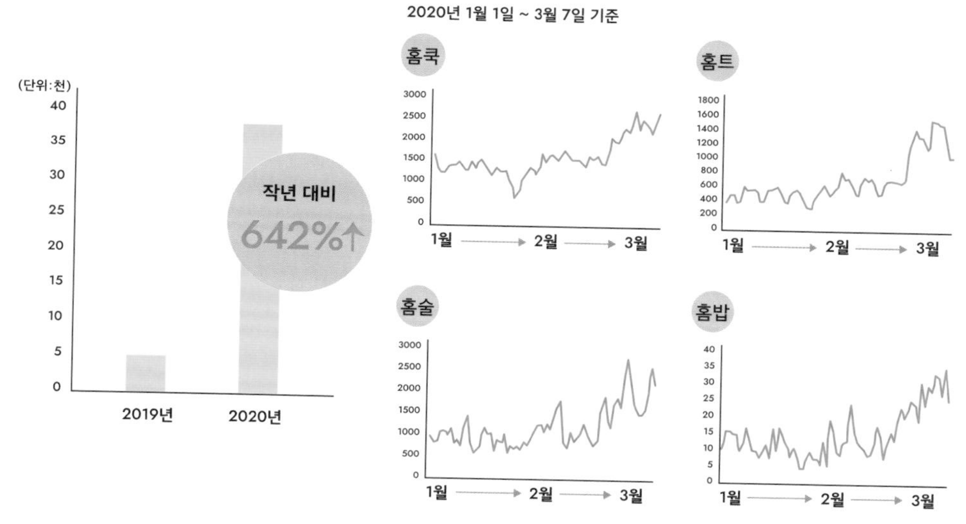

이처럼 코로나19로 인해 외부 활동보다는 집에서 하는 활동이 많아짐에 따라, 오프라인 중심으로 이루어졌던 문화레저 산업은 필연적으로 기존과는 다른 새로운 전략을 펼치거나, 변화가 예정됐던 영역의 시기를 앞당기면서 포스트 코로나 시대에 맞추어 적응하고 있다. 콘서트, 전시회, 운동이나 취미 학습 등의 오프라인 컨텐츠들이 온라인 컨텐츠로 전환되고 있으며, 게임을 포함한 기존의 온라인 컨텐츠들은 증강현실 등의 기술을 융합하여 더욱 고도화되고 현실과 가상의 경계가 모호해지고 있다. 오프라인의 시설, 공간, 서비스들 역시 자신들만의 전략으로 생존 방식을 터득해가고 있다. 소규모 혹은 프라이빗 서비스나 예약제 시스템 등을 도입하거나 체험형 혹은 테마 컨텐츠를 제공하여 사용자를 끌어들이고 있으며, 호텔이나 영화관 등의 다중이용시설에서는 로봇이나 인공지능(A.I.)을 이용한 비대면 서비스를 제공하며 생존전략을 펼치고 있다.

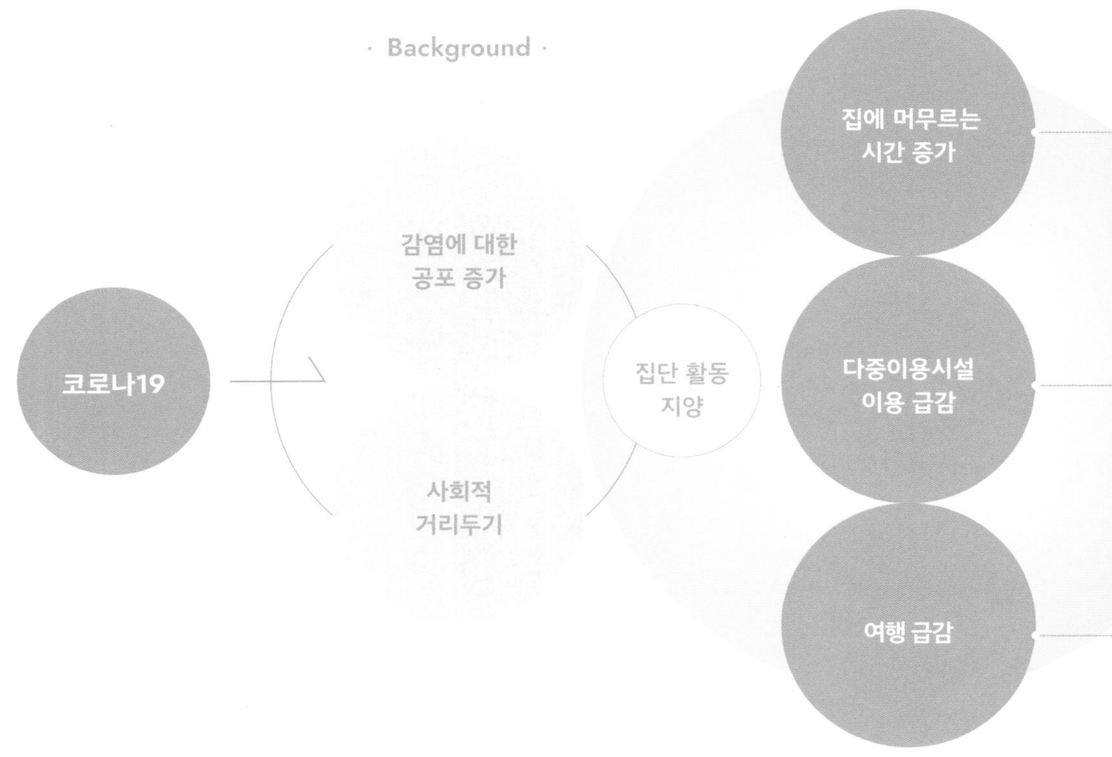

코로나19가 문화 레저 산업에
미친 영향과 변화에 대한 도식
출처 : 바이러스디자인 UX Lab

오프라인을 기반으로 운영되던 공연, 전시 등의 컨텐츠들이 급격한 온라인화가 진행되면서 새로운 문화를 만들어내고 있다. 공연장이나 미술관에 가지 않고도 즐길 수 있는 새로운 문화생활의 등장은 단순히 해당 컨텐츠를 그대로 옮겨 놓는 수준에서 나아가 더욱 리얼하고 고퀄리티의 경험을 제공하면서 코로나19 이후에도 이러한 경험의 지속 의향이 높을 것으로 보인다. 그렇다고 모든 문화 시설들이 오프라인 시설을 완전히 폐쇄한 것은 아니었다. 사회적 거리두기를 준수하면서 이용객을 끌어들일 수 있는 방법을 모색한 공간들은 새로운 기준을 정립하며 전략을 펼치고 있다. 다중이용시설이 더욱 프라이빗한 공간, 소수를 위한 서비스로 탈바꿈하고 있는 것이다. 여행 자제 등으로 급격한 쇠퇴를 하고 있는 여행 산업의 경우, 발 빠른 비대면 서비스 도입으로 접촉에 대한 불안감을 낮추는 한편, 개인의 취향을 반영하여 새로운 경험을 제공하는 컨텐츠 테마 산업으로 변모하고 있다.

또한 코로나19로 인해 강제적으로 '집콕'에 돌입했던 사람들은 집에서 놀고 즐길 줄 아는 홈 루덴스족[1] 으로 변신하여 집안에서의 생활을 더욱 즐겁고 가치 있게 보내려 노력하고 있다. 코로나19 이전에는 재테크와 같은 온라인 컨

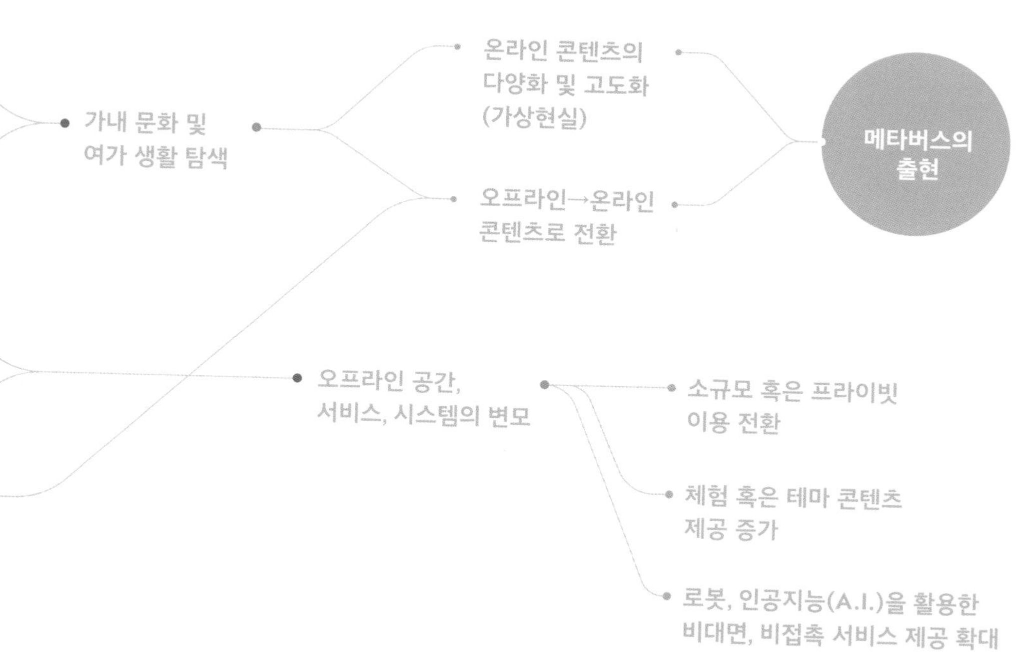

텐츠에 소비가 집중되었으나, 점차 유희형 컨텐츠의 이용이 높아지고 있으며, 오프라인 강좌를 고수하던 취미 교육 산업 분야도 온라인 스트리밍으로 전환하여 큰 호황을 누리고 있다. 이러한 온라인 전환의 현상이 지속됨에 따라 특히 게임 산업은 단순 유흥을 넘어 현실 공간의 확장 및 세컨드 라이프(**Second Life**)를 제공하는 하나의 장으로 진화하고 있다. 단순한 유흥이 아닌 타인과 소통할 수 있고 커뮤니티를 구성할 수 있는 공간으로 또 다른 세상으로 확장되고 있는 것이다. 현재 우리의 일상은 **BC(Before Corona 19)**[2] 때와 비교하면 전혀 다른 모습을 보이고 있다. 문화 레저와 관련하여 다양한 현상과 사례들을 살펴보고자 한다.

1 '호모 루덴스(**Homo Ludens**: 놀이하는 인간)'에서 파생된 말로, 밖에서 활동하지 않고 주로 집에서 놀고 즐길 줄 아는 사람들을 가리키는 신조어.

2 **Before Corona19**의 약자로 뉴욕타임즈(**New York Times**)의 칼럼니스트 토머스 프리드먼(**Thomas Friedman**)이 코로나19가 발생되기 이전을 뜻하는 말로 사용.

01 실감나게 즐기는 온라인 문화생활

Culture & Leisure

코로나19로 인해 다중이용시설 사용이 제한되고
문화예술 분야가 큰 타격을 입으면서
이를 극복하기 위한 새로운 방안으로
단순히 온라인 중심(In Real Life)의 콘텐츠에서
진짜보다 더 진짜 같은 가상 현실 콘텐츠(Un Real Life)로
시공간을 초월한 콘텐츠가 등장하고 있다.

IRL에서 URL로, "이제 온라인으로 만나요."

코로나19의 확산 방지를 위해 다중이용시설 사용이 제한되면서 콘서트, 영화, 공연, 스포츠 관람 등의 단체 관람 공간의 이용률이 현저히 낮아졌다. 이에 살아남기 위한 하나의 전략으로 문화, 예술 컨텐츠의 온라인화가 급속히 이루어지고 있다. 그리고 이러한 현상을 바탕으로 기존에는 없던 색다른 문화들도 생겨나고 있다. 가장 큰 변화는 관람·체험 공간 내의 컨텐츠가 **IRL(In Real Life)**[3] 에서 **URL(Un Real Life)**[4] 로 전환하고 있다는 사실이다.

대표적인 예로 방탄소년단(BTS)의 '방방콘'[5] 을 들 수 있다. 방방콘은 코로나19로 콘서트 투어가 취소 및 무기한 연기되면서 아쉬워하는 팬들을 위해 준비한 이벤트로, 유튜브를 통해 진행되었다. "공연 중 음식물 섭취가 가능하고 자리 이동을 하셔도 괜찮다."는 재치 넘치는 안내 멘트로 시작된 방탄소년단의 방방콘은 강경한 사회적 거리두기 속에서 전 세계 수만 명이 함께 콘서트를 즐겼지만, 단 한 명의 확진자를 발생시키지 않은 채 마무리되었다.

3 In Real Life의 약자로 현실세계를 의미함.

4 인터넷 주소를 뜻하는 동시에 Un Real Life의 약자로 가상 현실 세계를 의미함.

5 방에서 즐기는 방탄소년단의 콘서트의 줄임말로 4월 18일~19일동안 유튜브를 통해 진행되었음.

방탄소년단 언택트 공연 '방방콘' 통계
출처 : 빅히트

- **23**시간 **12**분 **52**초 공연 총 스트리밍 시간
- **5,059**만 건 공연 총 조회수
- **224**만 명 공연 최대 동시 접속자 수
- **50**만 개 위버스로 연결 된 전 세계 아미밤
- **162**개 지역 아미밤 빛으로 연결된 지역
- **646**만 건 실시간 공연 감상 해시태그 수

6 빅히트가 개발한 플랫폼 '위버스'를 통해 아미밤을 블루투스로 연결하고, 콘서트 영상을 재생하면 영상내 오디오 신호에 따라 아미밤의 색이 변하도록 함.

7 카메라의 워킹에 따라 실제 공간이 실시간으로 합성되는 이미지를 보여주는 증강 현실 합성 기술.

방방콘의 경우, 단순히 온라인으로 콘서트를 즐긴 것에서 나아가 새로운 관람 문화도 만들어 냈다. 팬들은 노래에 따라 응원봉의 색깔이 동시에 바뀌는 '아미밤'[6]을 활용하여 마치 실제 콘서트장에 있는 것처럼 공연을 감상하며 응원을 할 수 있었다. 아미밤을 만든 위버스 관계자는 "아미밤은 오프라인에서의 응원 도구로 만들어졌지만, 온라인에서도 활용할 수 있는 방법을 고민해 왔다."며 "영상 변화에 따라 색깔이 변하는 기술을 적용해 팬들이 한곳에 모여 응원하는 기분을 느끼도록 한 것."이라고 설명했다.

SM엔터테인먼트에서는 유료 온라인 콘서트인 '비욘드 라이브(Beyond Live)'를 개최했다. 기존에 촬영된 지난 콘서트 및 팬미팅 영상을 스트리밍했던 방방콘과는 달리 비욘드 라이브는 네이버 브이 라이브(V LIVE)를 통해 실시간으로 진행되는 콘서트를 중계했다. 비욘드 라이브에서는 오프라인에서는 적용하기 어려웠던 증강 현실(AR: Augmented Reality) 합성 기술인 '라이브 싱크 카메라 워킹(Live Sync Camera Walking)'[7]과 실시간 3D 그래픽을 활용한 입체적인 무대를 선보였는데, 슈퍼엠의 신곡 '호랑이' 무대에는 증강 현실로 구현된 호랑이가 등장해 놀라움을 자아냈다. 비욘드 라이브는 단순히 오프라인 공연을 생중계하는 것에서 나아가 온라인에 최적화된 맞춤형 공연이었다. 유료 온라인 콘서트였음에도 불구하고 전 세계 109개국, 7만 5000여 명이 동시에 관람 했으며, 120분간의 '비욘드 라이브' 1회 공연을 통해 벌어들인 매출액만 약 25억 원이라고 한다. 온라인 라이브 콘서트 방식의 경우, 티켓 수량에 한도가 없는 만큼 저렴한 가격의 티켓 값을 제시하더라도 수익 증대 가능성은 무궁무진하다는 장점이 있다. 때문에 업계 전문가들은 코로나19가 잠잠해지더라도 오프라인 공연과 병행이 가능할 정도로 경쟁력 있는 또 하나의 문화 사업으로 예상하고 있다.

SM엔터테인먼트의 비욘드 라이브

출처 : SM엔터테인먼트 공식 유튜브 채널

이러한 현상은 비단 공연 분야에만 국한된 것은 아니다. 코로나19로 인해 장기간 임시 휴관을 이어오던 미술관과 박물관들도 온라인 상에서 다시 개장하고 있다. 국내의 국립·시립 박물관과 미술관은 물론 프랑스의 루브르 박물관, 영국의 대영 박물관, 미국의 메트로폴리탄 박물관 등 세계 유명 박물관까지 코로나19 이후 온라인 전시를 시작했는데, 이는 디지털 기술이 급성장하기 시작한 1990년대 이후부터 보유하고 있는 작품들을 미리 디지털로 아카이빙하여 라이브러리를 구축해 온 덕분이다. 그리고 단순히 디지털 컨텐츠를 보여주는 것에서 나아가 증강현실(AR, Augmented Reality)와 가상현실(VR, Virtual Reality) 기술을 활용하여 더욱 풍부한 온라인 전시 컨텐츠를 제공하고 있다.

전시장 일부를 VR로 공개한 루브르 박물관

출처 : 루브르 박물관

이러한 체험 공간의 전환은 공연이나 전시뿐만 아니라 스포츠 분야에서도 나타나고 있다. 집안에 머무는 시간의 증가로 인해 '확진자'가 아닌 '확찐자'[8]가 된 사람들은 운동시설들의 재개장에도 불구하고 마스크 착용의 불편함 및 감염의 두려움 등을 이유로 한정된 공간에 방문하여 운동하기보다는 집안에서 다양한 방법을 활용하여 운동하기 시작했다. 실제로 스마트폰 앱 기반의 다이어트 코칭 서비스인 '마이다노'[9]의 경우, 코로나19사태 이후 일평균 수강 문의가 20% 늘었으며, 2월 수강생은 전년 동기 대비 155% 늘어났다고 한다.

8 코로나19 감염 우려로 외출을 자제하면서 집안에서만 생활을 하다 보니 활동량이 급감해 살이 확 찐 사람을 이르는 신조어.

9 온라인에서 전담 코치가 운동 프로그램과 식단을 제공하는 PT코칭 서비스.

이러한 현상을 반영하여 오프라인 기반 운동 클래스들의 경우에도 컨텐츠의 온라인화 등으로 변화를 꾀하고 있다. 매달 매장에서 직접 요가, 명상 등 다양한 운동 클래스를 진행해 왔던 요가복 전문 브랜드인 룰루레몬(Lululemon)의 경우, 오프라인으로 진행되던 운동 클래스들은 모두 온라인으로 전환하였으며, 스포츠 브랜드인 아디다스(Adidas)의 경우에도 소셜 미디어 및 아디다스 앱 등을 통해 집 안에서도 마치 헬스장에서 개인 피티(PT, Personal Training)를 받는 것처럼 운동할 수 있는 컨텐츠를 적극적으로 제공하고 있다.

룰루레몬 홈페이지에서 진행하는 Digital Sweatlife Hub
출처 : 룰루레몬 홈페이지

아디다스 #HOMETEAM 캠페인에 동참한 손흥민
출처 : 손흥민 인스타그램

대규모 관람 문화를 기반으로 한 프로 스포츠도 큰 변화를 맞이했다. 2020년 5월 5일 어린이날은 장기화되는 코로나19사태 속, 한국 프로 야구(KBO, Korea Baseball Organization)가 역사상 최초로, 그리고 세계에서 두 번째로 무관중 개막을 실시한 날이다. 프로야구 구단 마케팅 담당자 사이에서는 '어린이날 만원 관중을 못 채우면 옷을 벗어야 한다'는 말이 있을 정도로, 각 구단마다 어린이 초청 행사 등 다양한 이벤트로 흥행 몰이에 나서던 작년과 비교하면 확연히 달라진 모습이다. 유명한 스타의 시구 대신 투명 워킹볼 안에 들어가 어린이가 직접 볼을 굴려 플레이트까지 가는 비접촉 시구까지 등장했다. 그리고 NC 다이노스와 삼성 라이온즈의 대결로 시작된 개막전은 ESPN 본 채널을 통해 미국 전역에 생중계되었는데, 이 역시 'KBO 리그 사상 첫 미국 전역 생중계'였다. 야구를 사랑하는 미국인들은 코로나19로 인해 개막이 연기된 메이저리그 대신 한국 프로야구를 보기 위해 새벽까지 잠을 자지 않고 기다렸으며, 각 구단과 공통분모를 발견한 뒤 팬이 되어 응원하였다. 이러한 분위기에 힘입어 NC다이노스 구단이 동일한 영어 이니셜을 사용하는 미국 노스 캐롤라이나(NC, North Carolina)의 마이너리그 팀인 더럼 불스와 공동으로 팬 티셔츠를 제작하는 마케팅을 벌이기도 했다.

한국 NC다이노스와 미국 더럼 불스가 공동으로 제작한 티셔츠
출처 : NC다이노스

무관중 경기로 인해 빈 관람석을 인형들로 채우는 이벤트도 진행됐다. 직관을 하지 못하는 팬들이 자신의 분신인 인형들을 보내면 그 인형들로 관중석을 채운 뒤, 경기가 끝난 후에는 인형들을 어려움에 처한 지역사회에 기부하는 의미 있는 활동을 진행한 것이다.

인형들로 채워진 관중석
출처 : 한국일보

이처럼 오프라인에서 체험하며 즐겼던 많은 컨텐츠들이 온라인화 되기 시작하면서, 컨텐츠를 이용하는 행태 역시 변화하고 있다. 코로나19 이전에는 출퇴근이나 등하교 등 이동 시간 동안 스트리밍 및 웹기반 서비스를 이용하는 경우가 많아 모바일 같은 작은 디스플레이로 컨텐츠를 즐기는 경우가 많았다. 때문에 대부분의 플랫폼들이 모바일 레이아웃에 최적화되어 있었고, 디스플레이 자체도 갈수록 개인화, 소형화 되는 추세에 있었다. 그러나 코로나19 이후 집에서 생활하는 시간이 증가함에 따라 모바일보다 더 큰 화면을 가진 컴퓨터 및 텔레비전을 통한 서비스 이용률이 점점 더 증가하기 시작했다. 뉴욕 타임스에서 조사한 바에 따르면 미국 내 유튜브 인터넷 트래픽이 코로나19 확산 이후 15.3% 증가했으나, 같은 기간 앱 트래픽은 4.5% 줄었다고 한다. 이처럼 고 퀄리티로 몰입감 넘치게 컨텐츠를 즐기려는 소비자들의 니즈가 증가함에 따라, 기존의 디스플레이의 소형화 추세와는 반대로 디스플레이의 대형화 및 그에 따른 플랫폼 레이아웃 디자인에 대한 고민이 요구될 것으로 보인다. 더불어 최대한 대면했을 때와 유사한 퀄리티로 생생한 현실감을 제공해 주는 비대면 컨텐츠의 개발 또한 앞으로 중요한 과제가 될 것으로 예상된다.

02 다중이용시설의 새로운 기준

Culture & Leisure

밀폐된 공간, 다수가 밀집한 공간을 기피하기 시작하면서
기존의 오프라인 공간에서의 문화 관람은
좀 더 소규모 인원을 위한 프라이빗한 공간으로 개편된다.
극진한 서비스보다 사람과 대면하지 않으면서도
편리하고 쾌적하게 이용할 수 있는 서비스가
지속적으로 성장할 것으로 보인다.

멀어진 사람들 간의 거리, “소수를 위한 공간으로 다시 태어나다.”

오프라인을 기반으로 운영되었던 많은 컨텐츠들이 온라인화되고 있다고 해서 기존의 것들이 아예 사라지는 것은 아니다. 온라인 전환이 어려운 다중이용시설들은 살아남기 위해 고군분투하고 있다. 먼저 절대 다수가 동시에 이용하던 공간을 소규모 인원을 위한 프라이빗 공간(Private Space)으로 탈바꿈하고 있는 것이 눈에 띈다. 코로나19 사태로 문을 닫았던 국립현대미술관과 서울시립미술관은 재개관을 하였지만 더 이상 단체 예약을 받지 않는다. 전시 관람은 사전 예약을 거친 소수의 제한된 인원에 한하여 가능하다.

입장 인원의 제한을 두는 거리두기 관람을 진행 중인 국립현대미술관
출처 : 국립현대미술관 홈페이지

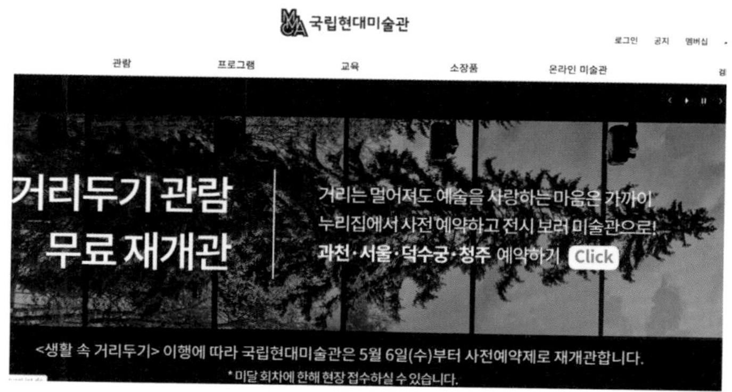

밀폐된 공간에서 동시에 많은 사람들과 컨텐츠를 이용해야만 하는 영화관의 경우 코로나19로 직격탄을 맞았다. 빅데이터 분석 기관인 엠포스의 조사 결과를 보면 3대 주요 영화관인 CGV, 롯데시네마, 메가박스 모두 작년 대비 해당 브랜드에 대한 관심이 50%이상 급감한 것을 확인할 수 있다.

영화관 이용률 변화

출처 : 엠포스 데이터랩

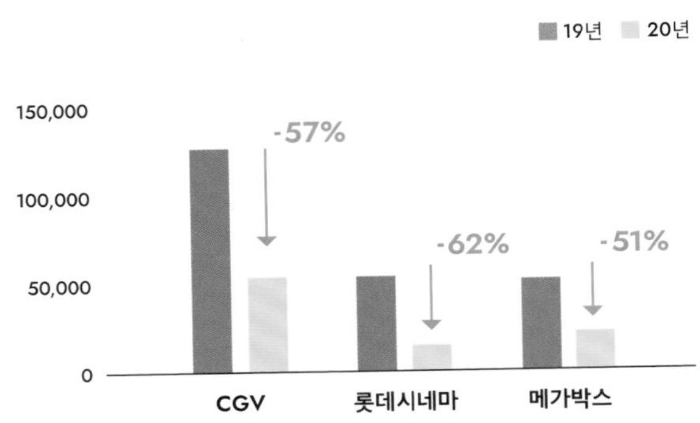

이러한 어려움 속에서 영화관들은 관람 인원 제한, 다양한 종류의 언택트(Untact)[10]서비스 제공 등 관람객 유치를 위해 다양한 노력을 하고 있다. 최근 전북 전주에서 개관한 한 멀티플렉스(Multiplex, 복합 상영관)의 경우, 총 10개의 상영관 중 7개의 상영관에 좌석수를 줄이는 대신 두 다리를 쭉 펴고 누울 수 있는 비행기 비즈니스석 형태의 좌석을 설치해, 코로나19 확산에 대한 불안감을 낮추면서, 편안하게 영화를 관람할 수 있도록 했다. 이와 비슷한 사례로 서울 종로구에 위치한 서울 극장의 경우 독립예술영화 전용관인 플러스관(54석)을 신청자들에게 통째로 대관해주는 '통대관 서비스'를 시행했는데, 통대관을 하더라도 회당 20명까지로 인원 제한을 두어 사회적 거리를 유지하도록 했다고 한다.

10 '콘택트(contact : 접촉하다)'에서 부정의 의미인 '언(un-)'을 합성한 말로, 기술의 발전을 통해 점원과의 접촉 없이 물건을 구매하는 등의 새로운 소비경향을 의미함.

단순히 관람인원 수를 제한하는 것 이외에 관객들이 아예 직원과 대면하지 않고, 티켓을 구입하고 식음료를 주문하고, 좌석안내까지 비대면으로 가능한 언택트 서비스를 제공하는 '언택트 시네마'도 등장했다. CGV가 업계 최초로 선보인 새로운 매점 형태인 '픽업박스'의 경우, 앱으로 원하는 메뉴를 결제한 후 투명한 LED 창으로 만들어진 픽업박스를 두드리면 문이 열리고 준비된 메뉴를 찾아가는 방식으로 직원과 대면하지 않아도 간편하고 재밌게 모든 매점 메뉴를 구매할 수 있다.

CGV여의도점 안에 위치한 '픽업박스'
출처 : 매일경제

이 외에도 자율 주행 로봇을 이용한 비대면 서비스를 제공하는 영화관도 있다. 150cm가량의 키에 캐릭터 같은 귀여운 외형을 지닌 자율 주행 로봇인 '체크 봇'은 이벤트, 상영 시간표 등 주요 정보를 제공하기도 하고, 상영관 및 화장실 위치 등을 직접 안내해준다.

'체크봇'을 통해 극장 정보를 확인하는 모습
출처 : 채널CJ

한 공간에 여러 명의 수강생을 두고 운동을 진행하는 GX(Group Exercise, 단체 운동) 형태의 클래스들도, 독립된 공간에서 이루어지거나, 가정 방문 PT(Personal Training)의 형태 등으로 변모하고 있다. '거울을 공유하지 않는 나만을 위한 운동 공간'을 지향하는 프라이빗 트레이닝 업체인 티랩의 경우, 코로나19 발생 이후 대규모 헬스장의 불황 속에서도 오히려 신규 고객이 늘었다고 한다. 타인과의 접촉에 대한 불안감은 안전한 내 집에서 독립적으로 PT를 받는 프라이빗 운동 서비스에 대한 니즈도 증가시키고 있다. 다이어트 관리 전문 업체인 쥬비스의 경우, 코로나19 이후 집에서 나오기 힘들지만 프라이빗한 강사의 관리를 받기 원하는 고객을 타겟으로 원하는 시간과 장소로 전문 강사가 방문하여 1:1로 맞춤형 운동을 진행 방문 홈트레이닝 서비스인 '쥬비스 앳홈'을 신규로 런칭했다. 쥬비스 앳홈은 단순히 운동을 1:1로 코치하는 형태에서 나아가 감량 방향성을 제시하는 A.I. 시스템, 감량에 특화된 홈 케어 기기와 더불어 전문 운동 컨설턴트가 직접 고객의 집으로 방문해 목적별 맞춤 운동을 할 수 있는 프라이빗 홈 트레이닝 서비스라고 할 수 있다.

쥬비스앳홈 서비스 소개

출처 : 쥬비스앳홈

이처럼 코로나19라는 강력한 팬데믹은 대규모 관람 문화나 다수의 사람이 함께하는 운동에 대해 불안감이라는 큰 후유증을 남기며, 해당 산업군을 빠르게 바꾸고 있다. 비록 팬데믹에 의해 발전되었지만 사용자들이 느낀 예약제와 프라이빗 서비스에 대한 만족도는 매우 높았기 때문에, 팬데믹이 종식된 이후에도 이러한 서비스에 대한 경험 지속 의향은 매우 높을 것으로 보인다. 따라서 타인과의 접촉은 최소화하면서 쾌적하게 문화 생활이나 운동 등을 즐길 수 있는 소규모, 프라이빗 서비스는 앞으로도 지속적으로 성장할 것으로 보이며, 인공지능(A.I.)이나 로봇 등의 기술과 결합하여 더욱더 편리한 형태로 변모할 것으로 예상된다.

03 컨텐츠 산업으로 변모한 여행 산업

코로나19로 인해 직격탄을 맞은 여행 업계는
생존과 발전을 위해 변화하고 있다.
호텔 등 숙박 서비스는 머무는 공간을 제공하는 것에서
체험을 제공하는 서비스로 변모하고 있으며
비대면 서비스를 통해 편리함과 프라이빗함을
더욱 극대화하는 방안을 모색하고 있다.

숙박 그 이상의 공간
언택은 기본, 컨텐츠로 사람들을 끌어모으는 호텔들

코로나19로 인해 항공기들이 운행을 중단하고 각국이 빗장을 걸어 잠그기 시작하면서 여행 업계는 심각한 타격을 입고 있다. 한국여행업협회(KATA, Korea Association of Travel Agents)에 따르면 2월 기준 국내 12개 주요 여행사의 피해액은 내국인이 해외로 나가는 아웃바운드는 299억 원(취소 6만 2000여 명), 외국인이 국내로 들어오는 인바운드는 65억 원(취소 470팀)으로 공식 피해액만 364억 원에 이른다. 우리나라의 관광산업이 법률적으로 시작된 1961년 이래 수많은 난관과 위기를 겪어왔지만 코로나19의 경우, 현재 진행형이기에 고통이 더 클 수밖에 없다.

이러한 현상은 해외에서도 발생하고 있다. 미국 여론조사회사인 유고브(YouGov)가 미국 성인 1,124명(2020년 3월 5~6일)을 대상으로 한 설문조사에 따르면, 향후 6개월 간 미국 밖을 여행할 의향에 대한 설문에 하지 않을 것 같다고 응답한 비율이 58%에 달했다.

미국인 여행관련 의식조사

출처 : 미국 여론조사기관 유고브(YouGov)

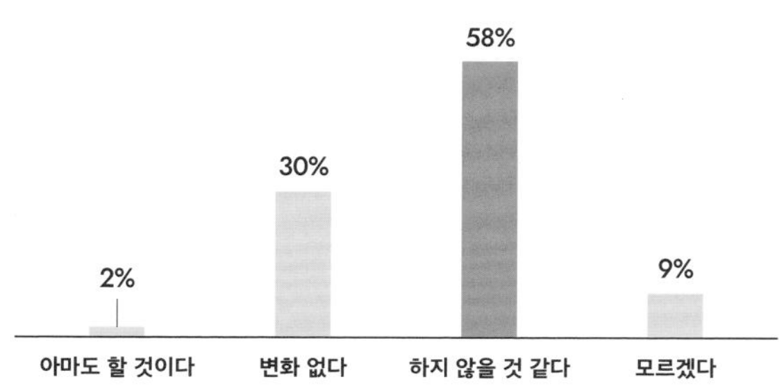

11 유럽 각국이 공통의 출입국 관리 정책을 사용하여 국경 시스템을 최소화해 국가 간의 통행에 제한이 없게 한다는 내용을 담은 협정.

관광 산업이 국내총생산(GDP, Gross Domestic Product)의 13%나 차지하는 이탈리아의 경우에는 타격의 정도가 더 심각하다. 이탈리아 정부는 여름 성수기를 맞아 관광산업을 다시 활성화하고자 고육지책으로 지난 6월 3일 유럽연합(EU)과 솅겐 조약(Schengen agreement)[11] 가입국 관광객에 한해 격리 없이 자유로운 입국을 허용했지만 코로나19 확산 우려가 여전해 이전과 같은 호황을 기대하기는 어려운 상황이다. 여론 조사 기관 데모스코피카(Demoscopika)가 이탈리아 국민 1,539명을 대상으로 조사한 바에 따르면 절반에 가까운 49%가 올여름 휴가를 가지 않겠다고 답했다. 여름 휴가를 가겠다고 한 51% 가운데 국내 여행을 선택한 이는 92.2%로 압도적이었다.

이처럼 관광·여행산업이 인간생활에 없어서는 안 될 필수적인 행동을 담당하는 산업이 될지, 또는 감염과 전염을 매개하는 위험한 행동을 초래하는 산업이 될지 갈림길에 서있는 가운데 여행업계는 생존과 발전을 위해 변화에 적응하고 있다. 먼저 공유형 숙박 서비스 중심에서 체험형 온라인 컨텐츠를 제공하기 시작한 글로벌 숙박 공유 플랫폼 에어비앤비(Airbnb)가 눈에 띈다. 에어비앤비의 경우, 코로나19 발생 이후 2016년부터 운영해왔던 여행지의 각 분야 전문과들 함께 다양한 활동을 공유하는 대면 체험 서비스를 일시적으로 중단했다. 대신 화상 플랫폼인 줌(Zoom)을 통해 체험 서비스를 진행하는 방법으로 전환하여 '온라인 체험' 클래스를 운영하고 있다. 현재 에어비앤비에서는 포르투갈에 사는 와인 전문가와 함께 와인에 대해 알아보거나, 영국에 사는 마법사와 함께 마술의 비밀을 알아보는 등 다양한 온라인 체험 컨텐츠가 진행되고 있다. 굳이 비행기를 타고 해외로 떠나지 않아도 집안에서 편하게 앉아 전세계 전문가에게 다양한 주제에 대해 배우고, 쌍방향으로 소통하는 시대가 된 것이다.

대면 체험 서비스 대신 온라인 체험 서비스를 제공하기 시작한 에어비앤비
출처 : 에어비앤비 홈페이지

12 식사를 객실로 가져다주는 서비스.

전통적인 호텔들의 경우, 비대면 서비스 도입을 통해 줄어든 투숙객을 다시 유치하기 위해 노력하고 있다. 경주에 위치한 코오롱 호텔의 경우, 체크인부터 룸 배정, 체크아웃, 인룸 다이닝 서비스(in Room Dining Service)[12] 까지 타인과의 접촉을 최소화한 '언택트 안심 객실 패키지'를 선보였다. 안심 객실 패키지 이용 고객들은 번잡한 로비에서 대기할 필요 없이 프라이빗 체크인 및 익스프레스 체크아웃 서비스가 가능하며, 투숙 객실이 서로 인접하지 않도록 '안심 객실 배정' 방식을 도입해 투숙객들이 서로 접촉할 염려도 없다. 게다가 원할 경우 식사 또한 인 룸 다이닝 서비스로 제공해 더욱 프라이빗한 시간을 보낼 수 있도록 했다.

단순히 타인과의 접촉을 줄이는 노력에서 나아가, 객실내 모든 서비스 및 룸 제어를 음성 및 터치로 이용 가능한 인공지능(A.I.) 호텔로의 변신을 꾀하는 경우도 있다. 노보텔 앰배서더 서울의 경우, 호텔에서 제공한 KT 기가지니 단말기를 사용하면 에어컨 온도에서 조명, TV는 물론 룸 서비스, 호텔 용품 요청, 컨시어지, 음악 듣기, 관광 정보 등의 다양한 서비스를 음성이나 터치만으로 이용 가능하다. 고객이 음성으로 객실 용품 등을 요청하면 직원이 요청된 내용을 확인한 다음 인공지능(A.I.) 로봇 '기가지니 엔봇(N bot)[13] 에 해당 물품을 넣어 주면 로봇이 알아서 객실로 물품을 배달해준다.

13 공간맵핑, 자율주행 등 첨단 ICT를 적용해 호텔 투숙객이 수건, 생수 등 편의용품을 요청하면 객실로 배달해주는 배달로봇으로 호텔 내 엘리베이터와 사물인터넷(IoT, Internet of Things)으로 연결돼 스스로 층간 이동이 가능하고, 목적지에 도착하면 객실 내 기가지니 단말기에 알람을 보내 투숙객에게 알려줌.

기가지니 호텔로봇 '엔봇(N bot)'
출처 : KT

트렌디하고 럭셔리한 인테리어로 사람들을 끌어들였던 고급 호텔들은 이제 단순히 숙박이라는 개념을 넘어 키즈 카페, 운동 클래스, 이색 취미생활 등의 새로운 경험을 제공하는 테마형 공간으로 변신하고 있다. 콘래드 서울의 경우 "사회적 거리두기"에 맞추어 운동할 장소를 찾는 일이 더 중요해졌다는 것에서 착안하여, 호텔 스위트 룸에서 한강을 보면서 운동을 할 수 있는 '스테이 헬시' 패키지를 선보였다. 스테이 헬시 패키지에는 한강이 보이는 룸 안에 실내 자전거, 요가 매트, 아령, 스트레칭·근력 운동용 고무 밴드 2종, 짐볼, 철제봉 등이 비치되어 있어 마치 하나의 작은 헬스장을 방불케 한다.

아이와 나만을 위한 키즈 카페가 된 호텔도 있다. 밀레니엄 힐튼 서울은 가정의 달을 맞이하여 오랜 기간동안 외출을 자제해온 엄마들과 아이들을 위하여 객실을 키즈 카페로 바꿨다. 독일 놀이교구 전문업체 '하바'의 침대, 러그, 텐트 등 장난감·아동용품 10~20여종으로 객실을 꾸며, 다채로운 키즈 상품들로 꾸며진 내 집같이 안전하고 편안한 객실에서 자녀와 함께 온가족이 신나는 스테이케이션(Staycation)[14] 을 즐길 수 있다. 편안한 객실에서 안전하게 몸과 마음의 여유를 찾을 수 있도록 취미를 제안하는 호텔도 있다. 라이프스타일 큐레이터를 표방하는 글래드 호텔앤리조트에서는 객실에서 수채화 투명 캘리 엽서 만들기, 프리저브드 플라워 행잉 모빌 만들기 세트 등 이색 취미를 경험하며 안전하게 호캉스를 즐길 수 있는 '봄날의 취미생활' 패키지를 선보였다.

14 머물다(stay)와 휴가(vacation)를 합성한 신조어로 멀리 나가지 않고 집이나 집 근방에서 휴가를 즐기는 것을 의미함.

밀레니엄 힐튼 서울의 맘앤키즈패키지
출처 : 힐튼호텔 홈페이지

글래드 호텔 앤 리조트의 봄날의 취미생활 패키지에 포함된 취미 패키지
출처 : 글래드 호텔 앤 리조트

휴식이라는 컨텐츠를 좀 더 고차원으로 해석하여 서비스를 제공하는 호텔들도 등장했다. 이런 호텔들의 경우 코로나19의 장기화로 우울감을 느끼는 사람들에게 충분한 수면과 휴식을 제안하기 위해 얼리 체크인, 레이트 체크아웃 등의 유료서비스를 패키지에 포함시키거나, 체크인 시간에 관계없이 체크인을 기준으로 24시간 투숙을 제공하는 등 객실내 휴식에 중점을 둔다.

해외의 경우, 의료서비스나 격리를 위한 공간으로 전환하여 코로나19에 적극적으로 대응하는 호텔들도 생겨났다. 스위스 호텔 브랜드 '르 비주(Le Bijou)'는 의료서비스를 호텔에서 받을 수 있는 '코로나19서비스' 를 출시했다. 취리히, 추크, 루체른점에서 이용 가능한 이 서비스는 500달러의 코로나19 검사 비용과 함께 하루 두 차례 간호사 방문 서비스, 24시간 간호 서비스 등의 의료서비스를 연계하여 옵션 별로 요금을 다르게 책정해 운영하고 있다. 또한 스위스뿐만 아니라 아시아와 호주 일부 호텔에서도 2주 이상 머물며 룸 서비스를 이용하는 '자가 격리 패키지'를 진행하고 있다. 스페인의 경우, 병원에서 치료를 받은 회복기 환자들을 호텔로 옮기고, 완치 판정을 받기 전까지 호텔 내 객실에서 생활하도록 했다. 프랑스나 영국은 호텔 객실 지원을 받아 거리를 활보 중인 노숙자들을 격리했는데, 이는 코로나19 확산을 우려해 집이 없는 노숙자들의 거리 생활을 막기 위한 특단의 조치로도 볼 수 있다.

10년 전만 해도 호텔에서 와이파이는 요금을 지불해야 하는 하나의 유료 서비스였다면, 어느 순간부터 와이파이는 더 이상 특전이 아니라 호텔 체크인 시 확인하는 필수 요건이 되었다. 코로나19 이후 우리의 일상 전반에 걸쳐 전례 없는 변화를 목격하고 있는 가운데, 호텔 시장에도 이러한 변화는 급격하게 일어나고 있다. 이제 사람들은 해외에 나가지 않고도 동일한 문화체험을 하기를 원하고 호텔 레스토랑을 직접 돌아다니거나 체크인하기 위해 프론트 데스크에 들르는 대신, 디지털 기기를 통해 체크인부터, 음식 주문까지 한꺼번에 하기를 원한다. 그리고 방에서 잠만 자는 것이 아니라, 누군가의 방해를 받지 않는 독립된 공간에서 운동을 하거나 취미생활을 즐기는 것을 선호한다. 이렇듯 '뉴 노멀(New Normal)'시대에 빠르게 변화하는 사람들의 습관과 취향에 대응하기 위해서는 단체 패키지 등 다수를 위한 하나의 서비스보다는 고객 개인의 취향이나 성향을 미리 파악하고 거기에 맞춘 서비스를 제공하는 것이 갈수록 중요해질 것으로 예상된다.

04 홈 루덴스 전성시대

Culture & Leisure

집안에서 보내는 시간이 많아지면서 나만의 공간에서
다양한 취미를 즐기려는 사람들이 늘어나고 있다.
집에서 주로 즐기고 노는 사람들을 위한 시장이
크게 확대되면서 오프라인 기반의 서비스들도
온라인을 통해 집에서 즐길 수 있도록
다양한 콘텐츠를 출시하고 있다.

자기개발보다 취미개발,
"새롭고 다양한 취미를 발굴하는 즐거움을 느끼다."

코로나19에 따른 '이동 제한령'으로 인해 강제적으로 집안에 있는 시간이 늘어나고 있다. 이러한 시간이 장기화됨에 따라 집안에 갇혀 있다는 현실에 스트레스를 받기 보다 나만의 공간에서 다양한 취미를 즐기는 사람들이 많아지는 것을 우리는 목격할 수 있었다. 누군가에게는 고통스러울 수 있는 시간이 누군가에게는 비록 강제이지만 홈캉스[15] 로 느껴질 수도 있는 것이다. 이처럼 밖에서 활동하지 않고 집에서 주로 놀고 즐길 줄 아는 사람들을 가리켜 홈 루덴스(Home Ludens)라 부르는데, 지금이 바로 홈 루덴스 족의 전성기라고 보인다.

디자인 상품 전문 쇼핑몰 텐바이텐(10x10)에 따르면 지난 3월을 기준으로 전월 대비 커피머신과 와플 메이커, 샌드위치 메이커 등 홈 카페 관련 가전제품들의 판매가 급증했다. 커피머신은 318%, 와플과 샌드위치 등을 만드는 쿠커/메이커 제품들은 264% 증가했으며, 달고나 커피가 화제가 되면서 거품기 관련 제품 판매도 267% 증가했다고 한다. 이러한 홈 루덴스족의 증가는 홈코노미 관련 시장의 확대도 함께 가져오고 있다.

15 집을 뜻하는 홈(Home)과 휴가를 뜻하는 바캉스(Vacance)가 합쳐진 단어로, 집에서 휴가를 보내는 것.

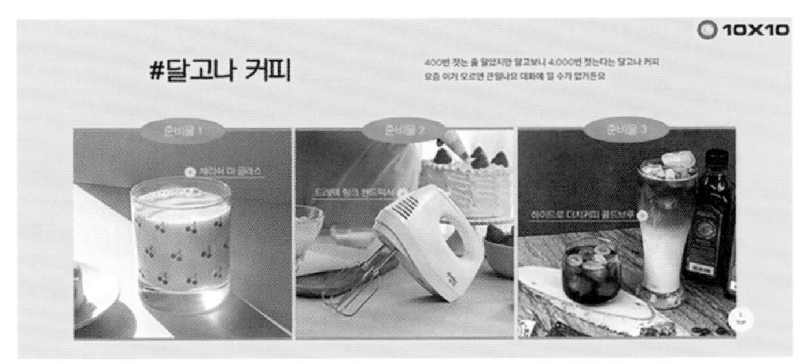

달고나 커피 관련 용품으로 이벤트를 하는 텐바이텐
출처 : 텐바이텐

이처럼 보다 적극적으로 집안에서 무언가를 즐기고자 하는 사람들이 많아짐에 따라, 온라인 취미 플랫폼의 이용률도 증가했다. 뜨개질이나, 자수, 미니어처나 소품 등 전통적으로 오프라인에서 소모임의 형태로 진행되었던 취미 클래스 대신, 온라인을 통해 비대면 방식으로 집에서 배우기 시작한 사람들이 증가하고 있는 것이다. 온라인 강의 플랫폼 클래스101의 올해 1분기의 이용자 수를 살펴보면 전년 동기 대비 300% 증가했다. 코로나19사태 이전만 하더라도 온라인 취미 플랫폼의 이용자는 재테크를 배워보려는 20대와 30대가 전체 수강생의 70%를 차지했었다. 그런데 코로나19 이후로는 눈에 띄게 취미 컨텐츠 수강생이 증가했으며, 플랫폼의 주요 고객의 연령층도 더 다양해지고 있다고 한다.

그리고 이러한 변화는 대표적으로 대면형 강의를 제공하던 백화점들의 문화센터 운영 방식까지 바꾸고 있다. 오프라인 기반으로 운영해왔던 백화점 문화센터들은 코로나19사태로 인해 장기간 연기해 왔던 수업을 온라인으로 진행하기 시작했다. 현대백화점은 지난 5월 13일 오전 11시부터 오후 5시까지 6시간 동안 공식 유튜브 채널을 통해 인기 강사의 강좌를 따로 모아 진행하는 '랜선 문화센터' 를 열었는데, 약 5천여 명이 실시간으로 시청하는 기대 이상의 성과를 냈다고 한다.

현대백화점 문화센터 인기 강좌 릴레이 라이브 클래스
출처 : 현대백화점 그룹 유튜브 캡쳐

집에서 하는 취미 활동들이 늘어남에 따라, 어떤 취미가 적성에 맞는지 모르는 사람들을 위해 아예 성향에 맞는 취미를 배달해주는 취미 정기 구독 플랫폼들도 등장했다. '당신의 취미를 찾아드립니다'라는 모토를 가진 하비박스는 온라인 취미 분석 테스트를 통해 고객에게 맞는 취미를 찾아주고 건담/레고/미술/DIY(Do It Yourself)[16] 등 달마다 새로운 취미활동 키트를 배송해준다. 모험을 즐기는 고객이라면 랜덤 하비박스를 신청해 볼 수도 있다.

16 완성된 제품이 아니라 각각의 부품을 소비자가 선택하여 구입하고 이를 직접 조립함.

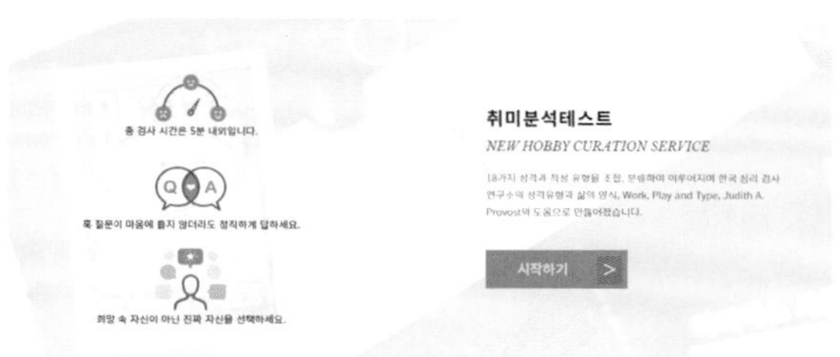

매월 새로운 취미를 배달해주는 하비박스와 하비박스에서 제공하는 취미 분석 테스트
출처 : 하비박스

이와 같이 코로나19는 이미 이전부터 있어 왔던 온라인 베이스의 취미 클래스나, DIY 등 취미배달 기업들의 성장을 가속화하고 있고, 기존 오프라인 베이스의 취미 클래스들의 온라인화를 촉진하고 있다. 취미생활을 즐기기 위해 한정된 시간과 공간에 본인의 일정을 맞추기보다, 내가 원하는 순간에 내가 원하는 공간에서 부담없이 취미를 즐길 수 있다는 편리함을 경험한 소비자들은 코로나19 사태가 진정된 이후에도 자발적으로 홈 루덴스족이 되어 이런 형태의 취미생활을 지속적으로 즐길 것으로 예상된다. 다만, 코로나19 사태로 생겨난 '맛보기 수강생'들을 지속적으로 잡아 두기 위해서는 보다 다양한 컨텐츠들을 끊임없이 발굴하면서, 고객 한 명 한 명의 취향과 성향을 반영한 컨텐츠를 제공하기 위한 노력이 필요할 것으로 보인다.

05 제2의 삶, 메타버스

Culture & Leisure

집에서 즐길 수 있는 대표적인 오락인 게임 시장이
코로나19의 영향으로 더욱 크게 성장하고 있다.
오프라인에서 만나기 힘든 친구들을 온라인 게임에서 만나
시간을 보내면서 현실과 유사한 자유도를 주는
게임을 통해 새로운 세컨 라이프를 즐기기 시작했다.

현실 공간의 확장이 된 게임 속 세상, "온라인 속 세컨드 라이프."

코로나19로 인해 많은 사람이 집에 머무르며 다른 사람과 접촉하지 않는 시간이 늘어나면서, 안전하고 저렴하게 엔터테인먼트를 즐길 방법들을 찾기 시작했는데 그 방법 중의 하나가 게임이다. 실제로 코로나19 발생 후 사회 봉쇄 기간동안 게임 판매와 다운로드 횟수가 급증한 것을 볼 수 있는데, 오프라인으로는 만나기 힘든 친구들도 온라인에서라면, 감염병의 위험이나, 마스크, 사회적 거리두기 없이 언제든 만나서 함께 무언가를 즐길 수 있기 때문인 것으로 보인다.

코로나19로 인한 비디오 게임의 판매량 변화
출처 : 게임인더스트리

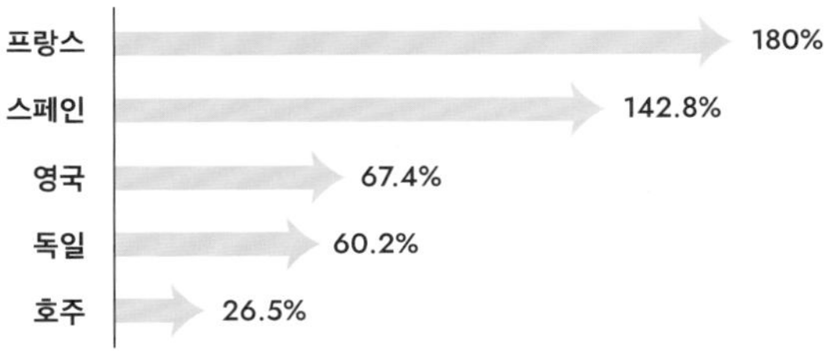

이러한 이유 때문인지 다양한 게임 장르들 중에서도 특히 게임 내에서 현실처럼 생활을 할 수 있도록 자유도를 주는 게임을 하는 사람들이 많아지고 있는 것이 눈에 띈다. 이렇게 현실과의 경계가 모호해지는 가상 세계의 개념을 설명하는 용어로 메타버스(Metaverse)[17] 라는 말이 있다. 초월을 의미하는 '메타(meta)'와 현실 세계인 '유니버스(universe)'를 합성한 용어로 기존의 가상현실(온라인)공간보다 확장된 가상현실에 사람과 컨텐츠가 모여, 현실(오프라인)처럼 생활한다는 개념이다.

17 초월을 의미하는 '메타(meta)'와 현실 세계인 '유니버스(universe)'를 합성한 용어로 미국의 SF 소설가인 '닐 스티븐슨(Neal Stephenseon)'이 지난 1992년에 발표한 소설 '스노우크래쉬(Snow Crash)'에서 처음 등장함.

대표적인 예로 지난 3월 20일에 일본의 게임 회사 닌텐도가 출시한 '모여봐요 동물의 숲'을 들 수 있다. 동물의 숲 사용자들은 게임 내에서 제약 없는 소소한 일상을 즐기며, 현실에서는 만나기 힘든 친구들과 함께 소통하고 생활하며 위안을 받기 시작했다. 해외에서는 코로나19로 인해 취소된 결혼식을 동물의 숲에서 올렸다는 후기도 등장했다. 우리의 오프라인(현실)일상은 격리되었지만 온라인(가상현실) 일상은 이전처럼 흘러가고 있는 것이다. 이제 사람들은 게임이라는 비생산적인 활동에서 생산적인 삶을 살기 시작했다. 게임 내의 컨텐츠를 하기 위해 일찍 일어나게 되는 등의 규칙적인 생활을 해가면서 게임 속에서 새롭게 주어진 세컨드 라이프(Second life)를 즐기고 있는 것이다.

모여봐요 동물의 숲 게임 내에서 결혼식을 올리는 한 유저
출처 : 레딧(reddit), ashmush

사실 모바일게임이 주를 이루는 게임 시장에서 콘솔 게임의 비중은 턱없이 작은 편이다. 그럼에도 불구하고 콘솔 게임인 닌텐도 스위치가 연일 매진되고, 품귀현상으로 인해 정가의 약 2배인 60만원 이상까지 중고로 거래되며, 게임 타이틀이 최대 판매 기록을 세운 이유는 이번에 출시된 '모여봐요 동물의 숲'이 메타버스의 개념을 차용하고 있기 때문이라고 보여 진다.

국내 게임 시장 분야별 비중
출처 : 2019 게임백서

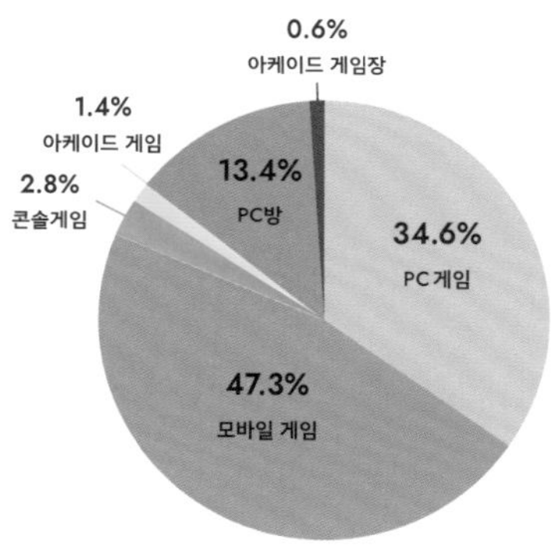

18 에픽게임즈(Epic Games)에서 제작한 3인칭 슈팅 게임으로, 미국 10~17세 청소년의 40%가 매주 한 번 이상 접속하며, 전체 여가 시간의 25%를 소비함. 게임 속 아바타를 실제 자신처럼 꾸미기도 함. 특히 Z세대(Gen Z·1995~2010년생)는 이 게임을 마치 소셜네트워크(SNS)처럼 활용하고 있음.

이러한 메타버스의 개념을 현 시점에서 가장 잘 담아내고 있는 게임을 꼽으라고 하면, 미국 청소년을 열광시킨 포트나이트(Fortnite)[18] 라고 할 수 있다. 지난 4월 포트나이트에서는 힙합가수 트래비스 스캇(Travis Scott)이 메인 아티스트로 참여한 '아스트로노미컬(Astronomical)'이라는 이름의 콘서트가 개최되었다. 포트나이트 콘서트는 유저가 직접 무대를 가고, 원하는 시점으로 관람할 수 있으며, 함께 춤추고 환호하는 감정을 실시간으로 공유한다는 점에서 수동적인 관람을 하는 다른 온라인 공연과 차별화를 두었다. 이 버추얼(Virtual) 콘서트는 공연 첫날에만 1,230만여 명의 관람객이 접속한 기록을 세우며, 콘서트 같은 문화 활동도 가상 현실 공간에서 즐길 수 있게 됐다는 것을 증명했다.

게임 포트나이트 플레이 장면
출처 : 포트나이트

포트나이트에서 진행된 트래비스 스캇의 콘서트
출처 : 트래비스 스캇 유튜브

이러한 현상 속에서 이제 기업들도 가상 현실 공간을 무시할 수 없게 되었다. 수많은 게임 이용자가 매일 게임에 접속하여 가상 현실 속의 나 (게임 속 아바타)를 꾸미고, 가상 현실 속의 커뮤니티를 꾸려가고 있는 것이다. 이처럼 게임을 넘어 소셜 플랫폼으로 영역을 확장해가는 온라인 공간 속에서 기업들은 더 큰 부가가치를 얻을 준비를 하고 있다. 실제로 마블(**Marvel**), 스타워즈(**Star Wars**), 나이키(**Nike**) 같은 유명 브랜드들의 경우, 포트나이트에서 프로모션을 하기도 했는데, 대표적인 예로는 나이키 에어 조던 농구화, 미국프로풋볼(**NFL, National Football League**)의 유니폼 등이 게임 속에서 동일한 디자인으로 판매된 것을 들 수 있다. 현실 세계에서 입고, 신고, 먹던 모든 것을 가상 속 내 캐릭터도 동일하게 입고, 신고, 먹을 수 있는 시대가 된 것이다.

에어 조던 신발을 신은 포트나이트 아바타
출처 : 에픽게임즈

이처럼 단순 유흥을 넘어 소통을 하고 커뮤니티를 꾸릴 수 있는 공간으로 확장하고 있는 온라인 가상 세계는 **5G**와 증강현실 등 관련 기술이 발전함에 따라 더욱 급속도로 성장할 것으로 보인다. 이러한 발전에 따라 앞으로 나올 메타버스는 오프라인 현실 세계에서는 할 수 없거나, 아예 본 적이 없는 신선함을 무기로 상상력을 자극하는 새로운 세계를 만들어내거나, 아예 오프라인에서의 기존에 이루어지던 일상을 그대로 가상 세계에 투영하여 현실과 가상을 동일선상에 두고 마음껏 즐길 수 있는 플랫폼으로 발전할 것으로 예상된다. 그리고 이러한 가상 공간들은 오프라인 공간만큼 주목해야 할 큰 시장이 될 것이다.

SUMMARY

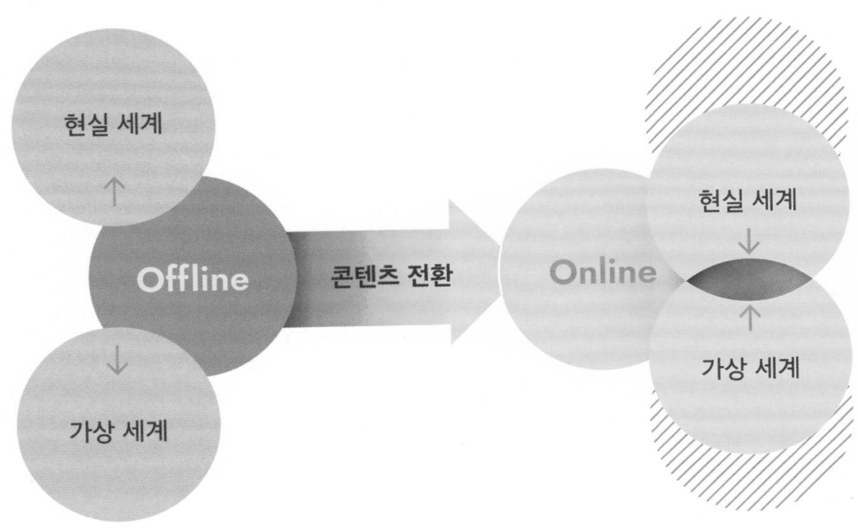

온라인 전환에 따른 경험의 변화

19 어떠한 업무나 가동이 임시 중단, 정지, 임시 휴업되는 것을 의미함.

문화와 레저는 인간의 삶에 있어 '생존'과 관련된 반드시 필요한 요소는 아니다. 그러나 '어떻게 사는가?'와 관련된 삶의 질을 결정함에 있어 주요 구성 요소임은 분명하다. 코로나19로 발생한 다양한 일상 생활의 제약들은 우리 삶에 급속한 변화를 가져왔고, 특히 삶의 필수 요소가 아닌 문화와 레저 활동은 한 순간에 셧다운(Shut Down)[19] 이 되어 버렸으며, 이와 관련된 산업들은 생존을 위한 새로운 전략을 모색하기 시작하였다.

코로나19가 장기화되면서 문화 레저 산업은 그대로 셧다운 상태를 유지할 수 없었으며, 다양한 새로운 전략들을 내세우기 시작하였다. 그 중에서도 오프라인 컨텐츠들의 온라인 전환이 가장 주목할 만하다. 작게는 운동 컨텐츠부터 크게는 콘서트, 공연, 전시, 프로 스포츠 등과 같이 기존에 오프라인을 기반으로 한 컨텐츠들이 급격하게 온라인화되기 시작했고, 이렇게 온라인화된 컨텐츠들을 부담 없이 즐기는 문화가 만들어지고 있는 것이다. 문화 레저 산업의 온라인 컨텐츠화는 특히 현실 세계와 가상 세계의 경계를 허물고 있는 모습으로 고도화되고 있다. 컨텐츠를 그대로 옮기지 않고 "보다 현실감있게" 구현한다거나 혹은 "현실에서는 불가능한 것을" 구현하면서 현실보다 더욱 현실 같은 경험을 선사하고, 현실보다 더욱 매력적인 경험을 선사하는 방식으로 관객을 만나고 있는 것이다.

코로나 사태가 진정된 이후에도 이러한 경험을 지속적으로 유지하기 위해서는 현실감 있는 경험 혹은 현실에서는 느낄 수 없는 그 이상의 경험의 제공이 중요할 것이다. 마치 실제와 같이 선명한 온라인 경험을 제공하지 못한다면, 코로나19 사태 진정 이후 사람들은 현실감을 위해 다시 밖으로 나가게 될 것이다. 이처럼 집에서 '뭐든지' 하는 생활이 일시적일지, 새로운 라이프스타일이 될지는 지금 이 순간에 달려있다.

감염병의 위험이나 마스크 없이 언제든 친구들과 만나거나 혹은 모르는 사람과도 함께 무언가를 즐길 수 있는 온라인의 가상 공간 또한 코로나19 발생 이후 급속한 성장을 보이고 있다. 특히 오프라인 활동에 많은 제약이 따름에 따라 가상 세계에서 현실 세계의 연장선 같은 느낌으로 세컨드 라이프를 즐기는 메타버스는 또 하나의 문화로 자리잡고 있다. 메타버스의 대표적인 게임인 포트나이트의 경우, 처음 설계 당시부터 가상 세계의 확장을 고민하여 현실처럼 콘서트, 쇼핑몰 등의 이용이 가능하도록 설계되었다고 한다. 이처럼 가상 세계는 더 이상 비현실적이고 제한적인 공간이 아니라 현실 세계처럼 사람들이 소비하고 문화 생활을 즐기는 또 하나의 새로운 공간으로 변신하고 있다. Z세대를 중심으로 가상 세계에서, 새로운 관계를 맺는 것을 두려워하지 않은 사람들에 대한 산업의 관심이 매우 필요할 것으로 보인다. 새롭게 등장한 가상 현실 세계는 기업들에게 또 하나의 마케팅 전쟁터가 될 수 있다.

그렇다고 하여 온라인으로 전환이 100% 되거나 오프라인의 경험이 사라지지는 않을 것이다. 어떻게 하면 오프라인 경험을 지속시키거나 강화시킬 수 있을까? 무엇보다 공간의 변화가 중요할 것으로 보인다. 코로나19 이후 사회적 거리두기, 청결, 위생 등이 강조되었는데 이러한 캠페인들은 코로나19가 종결된 이후에도 습관처럼 남아있을 확률이 매우 크다. 따라서 다중이용시설들이 포스트 코로나 시대에 살아남기 위해서는 한 번에 많은 사람들이 모여서 무언가를 한다는 것에 대한 불안감과 공포를 줄여 줄 수 있는 비대면 서비스나 소규모, 혹은 1:1 서비스, 그리고 사전 예약을 통한 정원제 등의 도입이 필요하다. 이러한 규모의 축소는 단기적인 대책으로 여겨질 수도 있다. 하지만 이러한 전염병의 영향은 언제든 우리 삶에 비정기적으로 급작스럽게 다가왔다 또 사라질 수 있다. 즉 향후 어떠한 상황에서나 유연하게 대응하도록 적용 가능한 다양한 서비스나 공간 구성, 시스템 등을 고려하지 않을 수 없는 것이다.

또한 MZ세대의 즐거운 집콕 생활은 코로나19이후에도 계속될 것으로 보인다. 혼자가 더 편한 MZ세대는 코로나19사태 이전에도 남들과 함께 활동을 하기보다 집에서 머물며 여가생활을 즐기는 것을 선호하는 것으로 나타났었다. 이들에게 집처럼 편한 공간은 있을지 언정, 집 보다 편한 공간은 없는 것이다. 그러나 MZ세대뿐만이 아니라 전 세대가 함께 팬데믹 속에 집 안에서 함께 보낸 시간은 더 많은 홈 루덴스 족들을 양성했다. 함께 코로나19를 경험한 이 세대는 새롭게 등장한 삶의 형태를 경험하고, 그 중 자신의 라이프스타일과 부합하는 서비스를 지속적으로 이용하고자 할 것이다. 이런 현상을 반영하여 기존에 있던 온라인 기반 취미 클래스 업체나, 취미 구독 서비스 등의 성장이 눈에 띈다. 그리고 이러한 취향을 반영한 홈코노미 시장은 보다 다양해지고 발전할 것으로 보인다.

이처럼 코로나19는 다양한 문화예술의 영역에서 기존의 온라인과 오프라인의 경계를 허물고 있다. 하지만 온라인과 오프라인에서 보완해야 할 부분은 더욱 명확 해졌다. 온라인에서는 오프라인에서만 느낄 수 있는 생동감을 전달해 줄 수 있어야 하고, 오프라인에서는 다양하고 신선한 컨텐츠를 지속적으로 제공해줘야 한다는 것이다. '예술은 길고 인생은 짧다' 라는 히포크라테스의 명언이 있다. 이처럼 코로나19로 어려운 상황에서나 일련의 사태가 정리된 다음에도 우리의 문화예술 생활과 여가는 계속될 것이다. 심지어 더욱 진화된 형태로 말이다.

다이닝 컬쳐 앤 레저 커머스 워크 앤 에듀

Chapter 4

Work & Edu

Post Covid-19

업무와 교육의 혁신, 뉴노멀이 다가오다

New Normal

업무와 교육의 혁신, 뉴노멀이 다가오다

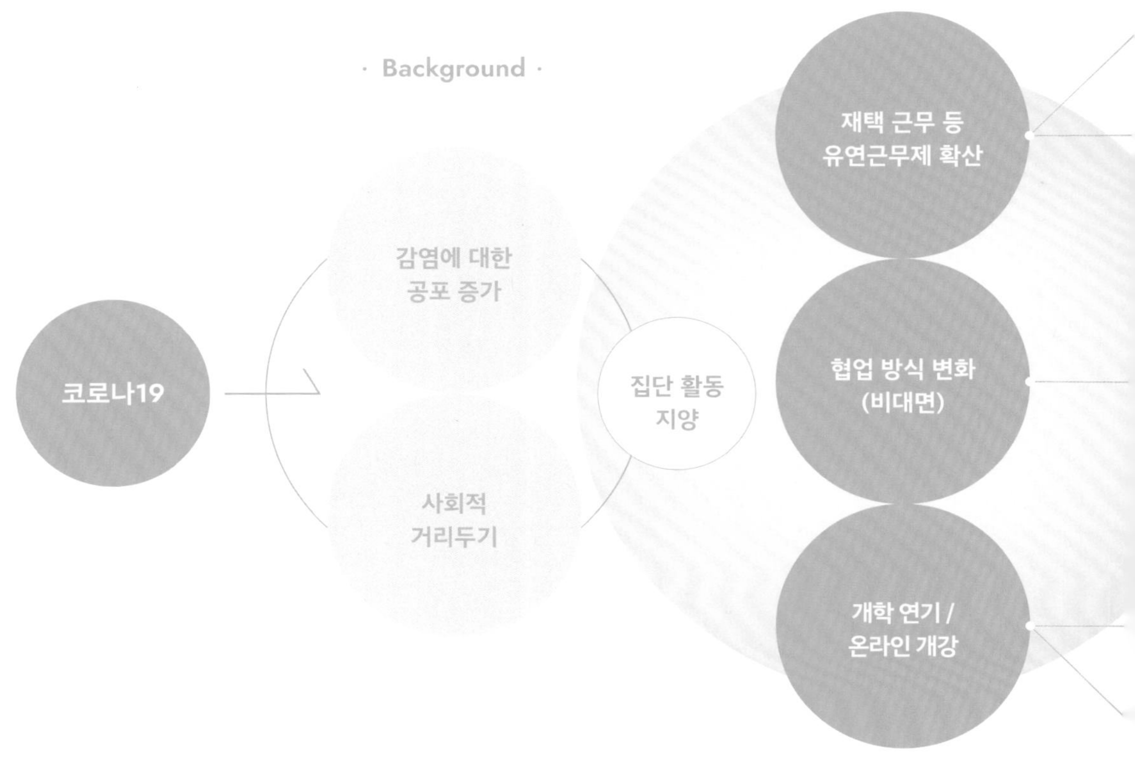

코로나19가 업무 및 교육에 미친 영향과 변화에 대한 도식
출처 : 바이러스디자인 **UX Lab**

일상으로 돌아가기 위해 준비하던 우리를 다시 집 안에 가둬버리는 대규모 전염 사태의 무시무시한 모습을 이미 여러 차례 보아 왔다. 방심하는 순간 무서운 속도로 수많은 사람들이 감염될 확률이 높은 학교, 회사, 극장, 학원 등 많은 사람들이 모이는 장소를 중심으로 사회적 거리두기가 강도 높게 지속되고 있는데, 이러한 지역 감염과 집단 감염의 발생을 억제하기 위해서는 무엇보다 다수의 사람들이 폐쇄된 공간에 함께 머무르는 것을 피하는 것이 필수적이라 할 수 있다. 실제 국내 집단 감염의 첫 사례도 종교단체인 신천지의 예배를 통해 발생되었다. 우리 모두는 이 사례를 통해 가능한 대부분의 사회 활동을 중지하거나 최소화하는 강도 높은 사회적 거리두기를 실시하게 되었다. 문화 활동이나 사교 활동 등과 같은 선택적 활동들은 자제되었으며, 활동을 멈출 수 없는 업무와 교육 활동은 다양한 방법을 통해 해결책을 탐색하기 시작하였다. 많은 기업들은 재택근무 혹은 재택과 사무실 근무를 병행하는 유연 근무제를 실행하였으며, 아이들은 학교가 전염병으로부터 안전해지기까지 3개월이 넘는 시간을 기다리며 선생님과 친

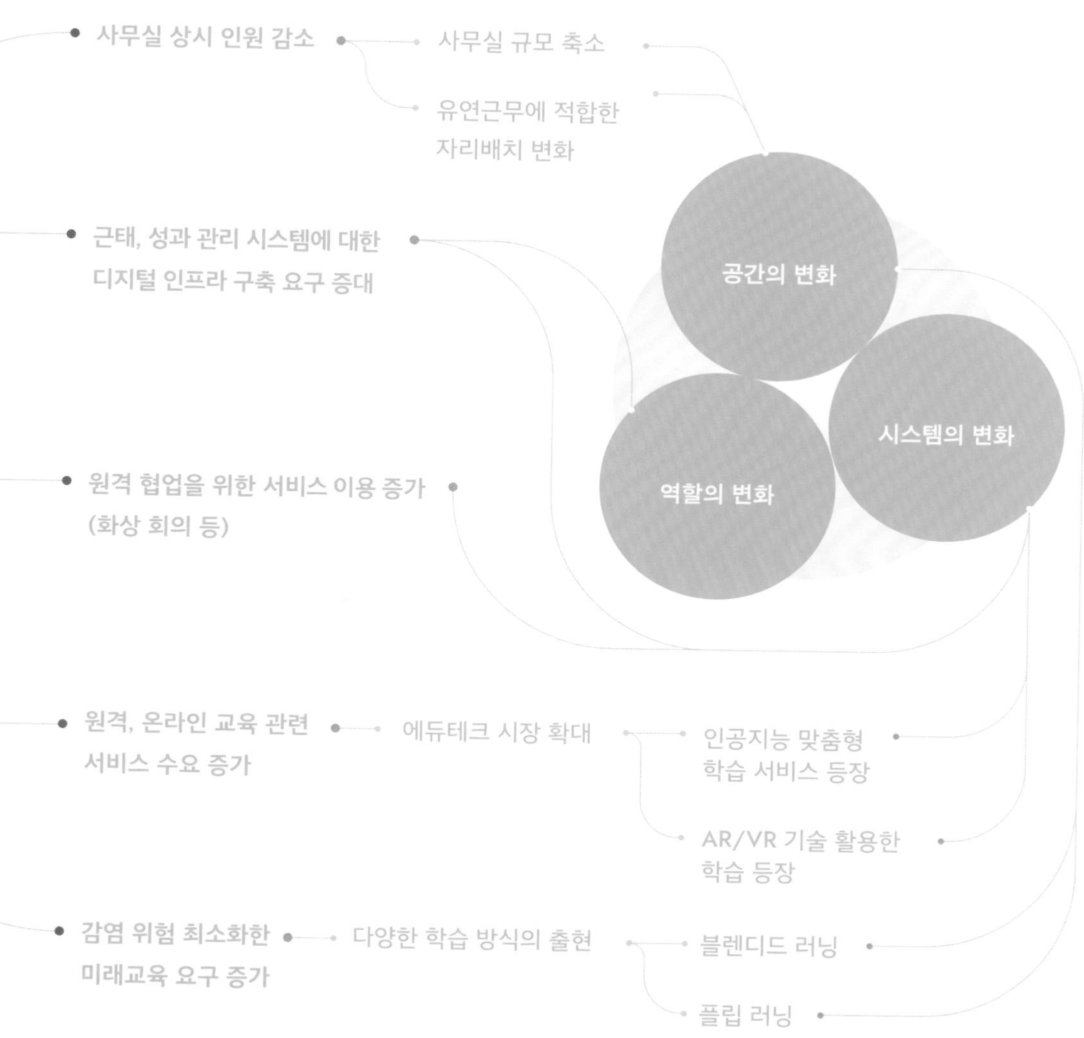

구들을 만나기를 고대하였다. 학교에서는 수능을 앞둔 고3 학생들의 등교 수업을 시작으로 고2, 중3, 초등 저학년 및 유치원생을 대상으로 한 2차 등교수업까지 점차적으로 학교를 정상화하기 위한 노력에 박차를 가하고 있으나, 학원을 중심으로 한 지역사회 감염 등으로 등교 중단이 발생하는 학교들이 지속적으로 발생하면서 학교 정상화에 어려움을 겪고 있다.

이처럼 코로나19가 장기화되면서 기업에서는 생산성 하락에 의한 영업 손실을 막기 위해, 학교에서는 학생들의 학업을 이어 가기 위해 서둘러 디지털 협업 도구, 영상회의 및 강의가 가능한 시스템을 구축하여 이를 적극적으로 활용하기 시작했다. 그렇다면 구체적으로 어떠한 변화들이 생겨나며, 이러한 변화들은 우리의 일과 학업에 어떠한 영향을 미치게 될까?

코로나19 감염에 대한 공포심과 사회적 거리두기 시행에 의해 사람들이 집단 활동을 지양하기 시작했다. 감염 확산을 막기 위해 확진자가 발생하거나 이에 관련된 회사는 재택근무나 업무 시간을 자율적으로 선택하는 선택근무 등을 도입하면서 유연근무제가 확산되었다. 자연스럽게 사무실과 회사에 상주하거나 이동하는 인원이 줄어들어 효과적인 방역이 이루어질 수 있었다. 다만 어쩔 수 없이 재택근무를 하게 된 상황에서 기존의 근태, 성과 관리 시스템이 이에 적합하지 않다는 것을 알게 된 사람들은 유연한 근무 환경을 위한 시스템과 디지털 인프라 구축의 필요성을 체감하고 있다. 같은 공간에서 함께 일하던 사람들이 각자의 집으로 흩어지게 되면서 협업 방식의 변화 또한 촉구되었는데 재택근무를 하기 위한 원격 업무와 협업 서비스의 이용이 증가하고 특히 화상회의 시스템이 눈에 띄게 성장하고 있다.

교육 분야에서는 학교 개학이 연기되면서 불가피하게 온라인 개학으로 대체되었다. 이에 따라 원격 교육 관련 서비스의 수요가 커지면서 학교, 학원에 가는 대신 온라인으로 수업을 듣는 학습 방식이 크게 증가하였다. 집단 모임에 의한 감염 확산이 주기적으로 발생하여 정상적으로 이루어지고 있던 등교 수업이 연기되거나 중단되는 사태가 벌어지게 되면서 감염 위험이 최소화되는 미래교육에 대한 관심 또한 높아지고 있다. 교육 관계자들을 중심으로 미래교육에 대한 포럼이나 논의가 활발히 이루어지고 공교육 시스템을 개혁하고자 하는 움직임을 보이면서 온-오프라인을 이어주는 다양한 대안 교육 방식이 주목받고 있다.

코로나19 이후 우리 업무와 교육 환경은 위에서 언급한 '업무와 교육의 시스템 변화'를 필두로 '공간'과 '역할'의 변화라는 세 가지 큰 변화가 있을 것으로 예측된다. 우선, 시스템은 디지털 인프라 구축의 가속화를 통해 업무와 학습 방식은 시공간을 초월한 방향으로 전개되며 다양한 방식으로 구체화되어질 것으로 예측된다. 지금까지 디지털 인프라가 부족하여 도입되지 못했던 스마트 워킹, 원격 교육이 코로나19 이후에 선택이 아닌 필수가 되면서 화상회의 시스템을 포함한 디지털 협업 도구, 인공지능(A.I.)이 도입된 학습관리 시스템 등이 크게 성장할 것으로 보인다.

다음으로, 관리평가 시스템화로 인해 수직적이고 권위적이었던 기존 선생님과 상사의 역할이 수평적인 관리자로 변모할 것으로 보인다. 예를 들어 선생님의 역할은 더 이상 단순 학습 전달자에 국한되지 않고, 학생들의 심리 상태를 들여다보는 상담사의 역할까지 하게 될 것이다.

코로나19 이후 업무 및 교육 영역에 예산되는 3가지 큰 변화 영역
출처 : 바이러스디자인 **UX Lab**

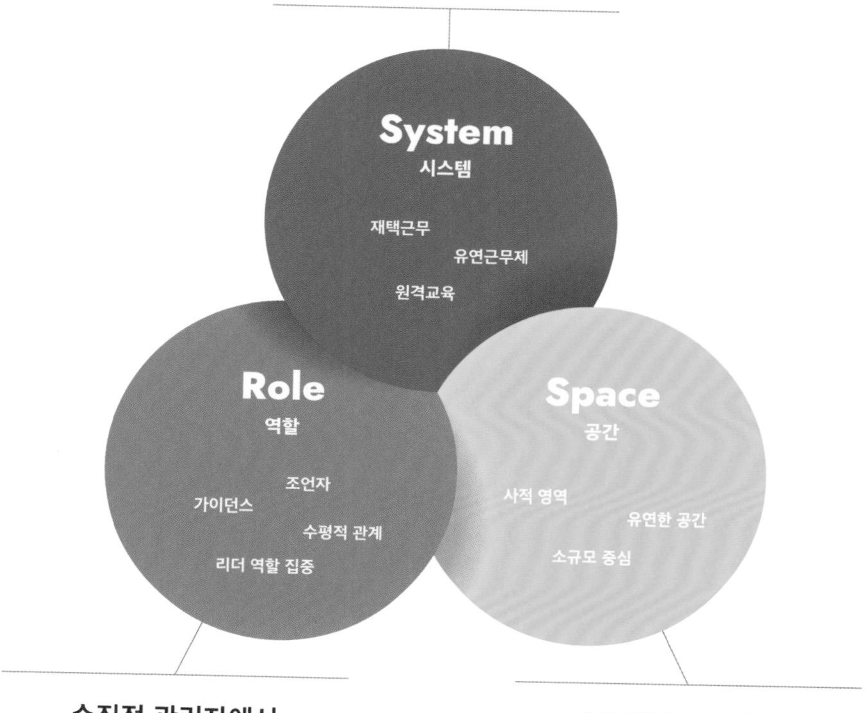

수직적 관리자에서 수평적 조언자로 역할 이동

선생님과 팀 관리자의 역할이 디지털 수단으로 대체

사적 영역이 보호되고 소규모 중심으로 운영되는 유연한 공간

전통적 학교와 사무실의 탈피; 거리두기 일상화의 실천

또한 이러한 변화들에 맞추어 공간활용의 변화 역시 주목할 만하다. 상사와 선생님을 중심으로 한 집약적 공간 활용이 사라지고, 학교와 회사는 생활 방역과 온라인 협업에 유리한 소규모 다목적 공간으로 분산될 것으로 예측된다. 이러한 변화를 충분히 준비할 여유도 없이 급격하게 시작된 원격의 시대를 우리가 과연 반갑게 맞이할 수 있을까? 사회적 거리두기를 지나 생활 속 거리두기로 적응해 나가는 과정에서 앞으로의 미래는 어떤 방식으로 바뀔지 살펴보고자 한다.

01 시스템의 변화

재택근무 / 원격 교육 확산

Work & Edu

온라인으로 출근하고
학교로 로그인합니다

매일 아침마다 사무실과 학교에 가야만
이루어지던 일들이 코로나19라는
세계적 비상 사태를 마주하면서 장소 간의 이동이 아닌
온라인으로의 접속으로 대체되었다.
시간과 장소에 구애받지 않고 일하고 공부할 수 있는
환경이 우리가 예상했던 것보다 빠른 속도로
자리잡으려 하고 있다.

재택근무가 쏘아 올린 유연근무제 확산

전염병 확산 방지를 위한 사회적 거리두기에 의해 재택근무와 온라인 수업이 장기화되면서 디지털을 통해 업무와 학업을 수행하는 일이 점점 일상화되고 있다. 매일 아침마다 사무실과 학교에 가야만 이루어지던 일들이 코로나19라는 세계적 비상 사태를 마주하면서 장소 간의 이동이 아닌 온라인으로의 접속으로 대체된 것이다. 이는 전염 방지를 위해 밀집된 장소를 피해야 하는 상황에서 발생한 눈에 띄는 변화이다. 인터넷만 있으면 언제 어디서든 로그인 할 수 있는 디지털 노마드 (Digital Nomad, 디지털 유목민)[1] 의 양상이 드디어 업무와 학업에도 전개되기 시작했다. 시간과 장소에 구애를 받지 않고 일하고 공부할 수 있는 환경이 우리가 예상했던 것보다 빠른 속도로 자리잡으려 하고 있다.

1 생계를 유지하거나, 나아가 삶을 영위하는 데에 원격 통신 기술을 적극 활용하는 사람들로 위치에 구애 받지 않고 업무를 수행하는 사람들.

SK텔레콤 T그룹통화 광고, 일하는 방식을 바꾸다
출처 : SK텔레콤

지금까지 디지털 인프라 부족 등의 이유로 쉽게 도입되지 못했던 선택적 근로제, 자율근무제와 같은 유연근무제도 또한 이전보다 수월하게 적용 가능해질 것으로 예측된다. 사업장 내 확진자 발생시 감염병 예방 및 관리를 위해 사업장의 일시적 폐쇄가 가능해지면서 전 산업계에 빨간 불이 켜졌다. 다수 근로자가 밀접한 거리에서 함께 일하는 대규모 사업장의 경우 선도적인 예방을 위해 자체적으로 태스크 포스(Task Force, TF)[2]를 만들어 관련 지침을 만들고 재택근무, 출근 시간을 조정하는 등의 조치를 통해 감염 가능성을 최소화하였다. 지금까지 과로사회[3]를 근절하기 위해 시도되었던 다양한 워라밸 정책들이 코로나19감염 확산 및 사업장 폐쇄에 대한 공포심을 계기로 선택이 아닌 필수로 자리잡게 된 것이다.

2 특정 업무를 해결하거나 사업 목표를 달성하기 위해 전문가 등을 선발하여 임시로 편성한 조직.

3 과로가 만연한 사회, 우리나라의 장시간 근로 환경 문제를 지적하는 용어로 '주52시간근무제'가 이러한 사회 문제를 해결하기 위한 대표적인 정책 중 하나임.

유연근무제 유형
출처 : 고용노동부
국회입법조사처

유형	내용
시차출퇴근	주 5일, 1일 8시간, 주 40시간 근무를 준수하면서 출퇴근 시간을 조정
재량근무	근로시간의 배분과 업무수행방법을 근로자 재량에 맡기고 사용자와 근로자대표가 합의한 근로 시간을 인정
선택근무	일정기간 (1개월) 단위로 업무 시작 및 종료시각, 1일 근로시간을 근로자가 결정
재택근무	근로자가 회사에 출근하지 않고 집에서 근무
원격근무	주거지 등과 인접한 원격근무용 사무실에서 일하거나 모바일 기기를 이용해 사무실이 아닌 장소에서 근무

국내 기업별 재택근무 현황
출처 : 한국일보

기업명	재택근무 형태	재택근무 종료 후
SK	SK(주), SK텔레콤, SK E&S 등 주요 계열사 재택근무	SK(주) 스마트 워크 체제 전환 SK텔레콤 조직, 지역별 자율 재택근무 SK E&S 한시적 분산근무제 시행
롯데	롯데지주, 롯데홈쇼핑, 롯데면세점 등 일부 계열사 재택근무	롯데지주 재택근무 교대식에서 자율식으로 전환
현대차	서울, 경기 지역 근무자 대상 자율적 재택근무	유연근무 범위 확대
코오롱	순환 재택근무 시행	유연근무 도입

유연근무제 지원신청 추이

출처 : 고용노동부

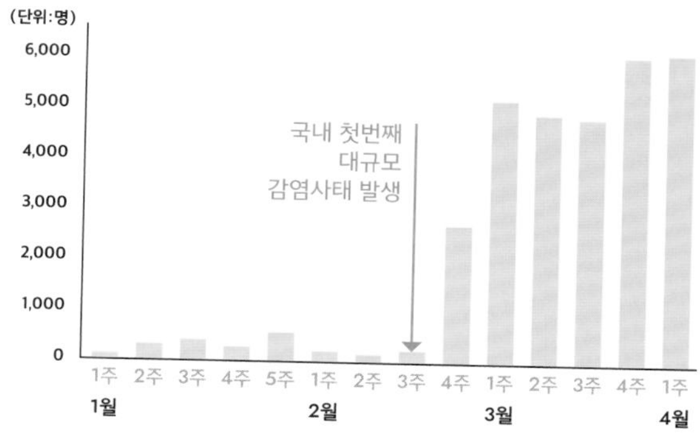

실시한지 24년이 지났으나 도입율이 17.2%에 그쳤던 유연근무제의 경우, 코로나19 확산 이후 정부에서 유연근무제를 활용하는 중소·중견기업에게 근로자 1인당 최대 520만원을 지원해주는 간접노무비를 지원해주면서 유연근무제를 지원한 기업이 20배나 증가했다. 위기 상황에서의 반짝 효과이긴 하지만 이를 계기로 "재택근무 해보니 해볼 만하다."라는 이야기가 나오고 있다. 물론 아직 상당 수의 기업이 변함없이 정상 출근을 하고 있으나 이러한 변화를 시작으로 재택근무를 시도해볼 수 있겠다는 인식이 마련되었다.

근무하는 회사의 디지털 인프라가 제대로 구축되어 운영되고 있었다면 재택근무는 전염병 확산 방지 효과는 물론이고 출퇴근 시간 단축으로 인한 스트레스 저하, 자율적인 시간 관리로 업무 집중도 상승 등 근로자의 복지와 더불어 업무 효율성에서도 긍정적인 효과를 가져올 수 있다.

국내 기업별 재택근무 현황

출처 : 매일경제

재택근무
경험한 적 있다

30.8%
있다

69.2%
없다

재택근무
업무 효율성은?

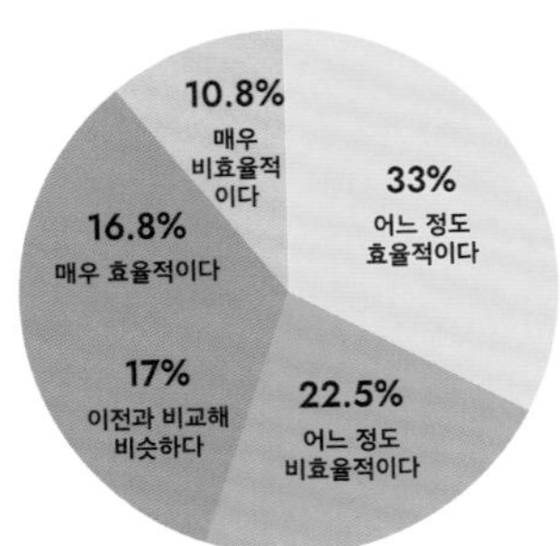

업무 효율성이 올라가는 이유

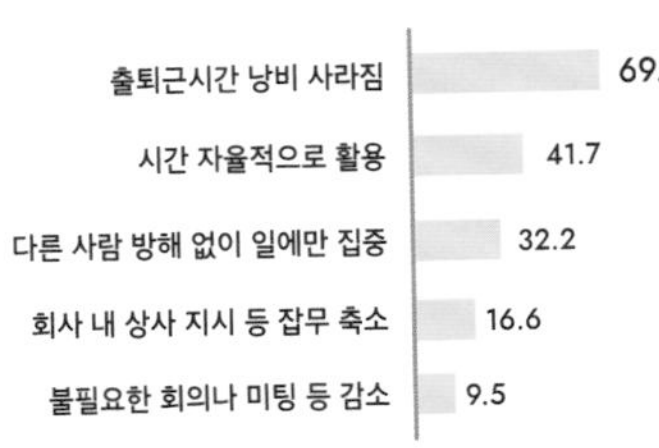

업무 효율성이 떨어지는 이유

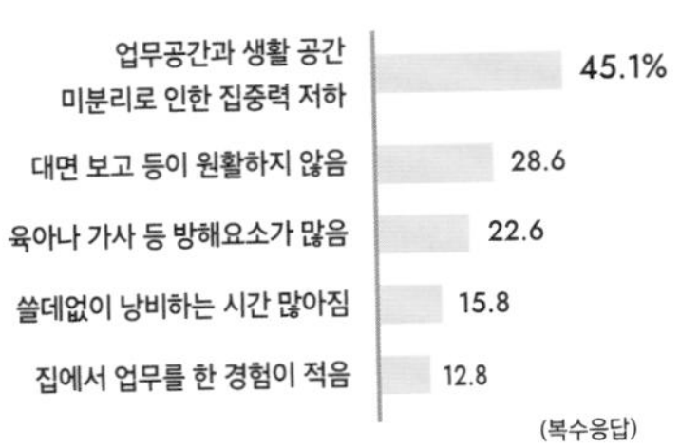

(복수응답)

실제로 매일경제가 직장인을 대상으로 재택근무와 관련하여 실시한 조사 결과에 따르면 재택근무를 경험한 직장인 중 절반이 재택근무와 일반 출퇴근 근무 간 업무 효율에 있어서 차이가 없거나 어느정도 더 효율적이라고 답하기도 했으며, 성과가 더 좋다는 응답도 **16.8%**나 되었다.

다만 생산직, 서비스직 등 업무 특성상 대면이 불가피하여 재택근무 적용이 불가능한 경우를 제외하고, 사내 디지털 인프라가 잘 갖추어 있지 않아 집에서 업무와 보고 간 효율이 떨어지는 경우나 재택근무 자체에 대한 경험 부족으로 인한 미숙한 업무 처리, 재택으로 인해 업무-생활의 분리가 어려운 경우 등의 조건적인 제약으로 재택근무가 업무 효율성을 떨어트린다고 답하기도 했다. 재택근무에 대한 찬반이 엇갈리는 부분이다.

업무도 스트리밍 시대

코로나19와 같이 재택근무가 필요한 상황이 발생했을 때 일상처럼 근무 체계를 효율적으로 운영하기 위해서는 근로자의 출근부터 퇴근까지 모든 업무 과정이 시스템 안에서 매끄럽게 이어질 수 있는 디지털 인프라와 원격 업무 시스템의 역할이 매우 중요하다. 사내 통합 인프라 시스템이 갖춰지지 않은 작은 규모의 기업일 경우 대면 업무를 대체할 수 있는 다양한 협업 도구를 조합하는 방식으로 필요한 업무에 따라 효율적인 활용이 가능하다.

직급별 업무 효율 중요도
출처 : 플로우(Flow)

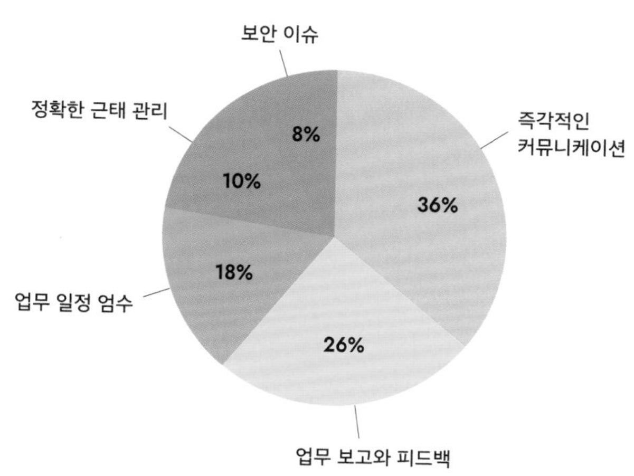

효율적인 재택근무를 위해서는 '즉각적인 커뮤니케이션(36%)'과 '업무 보고와 피드백(26%)', '업무 일정 엄수(18%)', '정확한 근태관리(10%)', '보안 이슈(8%)' 등이 중요하다는 조사 결과를 보면 업무에 어떤 협업 도구가 필요한지 대략적으로 이해할 수 있을 것이다.

협업 도구별 종류와 특징

동료들 간에 면대면 대화 혹은 개인용 메신저로 공사 구분없이 나누던 소통은 업무 전용의 채팅 커뮤니케이션으로 대체되어 업무 기록과 자료를 체계적으로 관리하고, 사내 미팅이나 외부 컨퍼런스 등 다수와의 소통 역시 화상 전송을 통한 화상 커뮤니케이션 방식으로 이루어지고 있다.

협업 도구 유형 및 협업 방식에 따른 활용 방안

출처 : 바이러스디자인 **UX Lab**

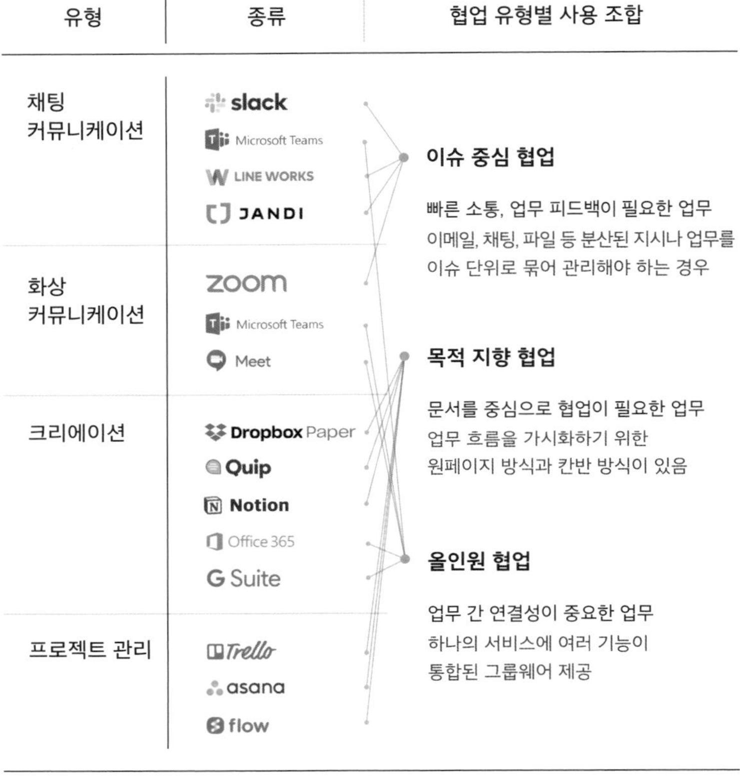

국내에서 개발된 메신저 협업 도구인 토스랩의 '잔디(Jandi)'는 코로나19의 영향으로 지난 3월 신규 가입자 수가 코로나 사태 이전보다 80% 이상 늘어났으며, 사용량 또한 급증했다. 세계적인 메신저 기반 협업 도구인 '슬랙(Slack)'도 한글화한 정식 서비스를 국내에 런칭할 계획이다.

온라인 화상 회의 서비스를 제공하는 미국의 '줌(Zoom)'은 전 세계적으로 재택근무와 원격 수업이 확산되며 2월 대비 3월 서비스 이용량이 303.1%나 증가했다. 초등학생도 이해하기 쉬운 사용 방법과 플랫폼에 상관없이 URL 주소만으로 접속할 수 있는 접근성, 얼굴과 스크린을 자유롭게 전환할 수 있는 화면 전환 기능 등 다른 서비스와는 차별화되는 기능을 제공하여 빠른 속도로 이용자가 증가할 수 있었다.

국내 모바일 통합커뮤니케이션 & 협업 솔루션 시장 전망

출처 : 한국IDC

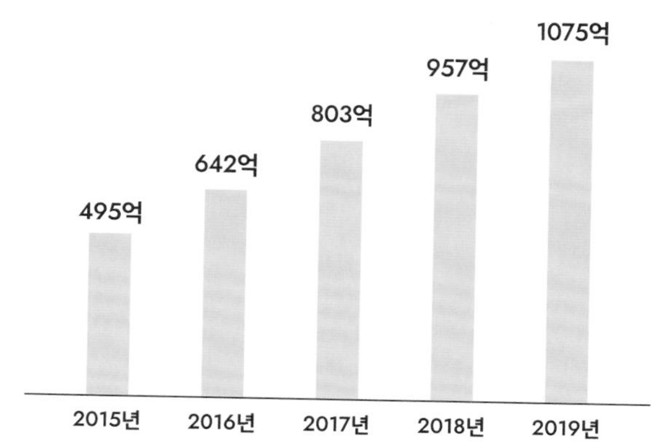

코로나19 이후 협업 도구 성장세

출처 : 각 사 제공

유형	내용
줌(ZOOM)	1분기 매출 169% 증가, 전월 대비 3월 서비스 이용량 303.1% 증가
잔디	3월 신규 가입자 수 80% 이상 증가, 일일 평균 사용자 수 작년 대비 213% 증가
라인웍스	국내 도입 기업 작년 동기 대비 10배 이상 증가, 다자간 영상통화 28배, 음성통화 25배, PC 화면 공유 15배 이상 이용 증가
토스트	사용량 3월 동기간 대비 약 25배 증가, 일평균 가입자 수 약 4배 증가

인터넷만 연결되면 공간의 제약없이 다수가 얼굴을 보며 커뮤니케이션할 수 있다는 점에서 화상 회의 서비스는 비대면을 추구하는 세상에서 놀라울 정도로 급성장하는 분야라 할 수 있다. 최근에는 단순히 화상 통화 기능 뿐만 아니라 회의 편의를 위한 다양한 기능들도 제공하기 시작했다. 회의 전에 정리를 미처 하지 못해 지저분한 방의 모습이 동료들에게 보여진다거나, 화면에 속옷만 입은 가족이 뒤로 지나가버리는 상황처럼 직장 동료들에게 의도치 않게 나의 사생활이 노출되는 것이 꺼려진다면, 증강현실 기능을 활용하여 실제 위치한 환경과 상관없이 화면의 배경이 카페나 사무실, 파리의 에펠탑이 보이는 공원, 해변 같은 근사한 풍경으로 보이게 할 수 있다. 셀프 카메라 앱에서나 보았던 메이크업 효과나 스티커 기능 역시 화상회의에 적용 가능하다. 어찌 보면 직접 만나야 하는 회의보다 가상의 이미지로 나를 쉽게 꾸미는 화상 회의가 더 편리하게 느껴질지도 모른다.

AR기능을 제공하는
SKT 영상통화 서비스 '콜라 2.0'
출처 : SK 텔레콤

SKT 영상통화 서비스 '콜라 2.0'에서 제공하는 주요 기능

- 얼굴에 활용하는 **마스크**
- 애니메이션 배경을 이용하는 **포토부스**
- 사용자간 상호작용을 통해 오늘의 운세, 타로카드 결과, 얼굴나이 분석 등 다양한 콘텐츠를 제공하는 **놀이터**
- 영상통화 배경과 인물의 분리가 가능한 **배경 꾸미기**

직장인들에게 수많은 보고서 작업을 야기시켰던 문서 업무는 종이 없는 업무 협업과 보고가 가능한 클라우드 서비스[4] 기반의 문서 작업 툴을 활용한다. 이를 통해 생산된 디지털 문서는 클라우드 서버에 저장되어 언제 어디서나 접근이 가능하다. 2016년 실리콘밸리에서 탄생한 '노션(Notion)'은 노트 기반의 협업 도구로 서비스 초반에는 노트테이킹을 위한 기능만을 제공했으나 최근에는 프로젝트 관리부터 아이디어 정리까지 하나의 페이지 안에서 팀원들과 함께 편리하게 작성 및 공유할 수 있는 기능을 제공한다. 이러한 원페이지 방식의 대표적인 서비스인 드롭박스 페이퍼(Dropbox Paper), 퀍(Quip) 등은 실리콘밸리 기반의 기업들이 활용하는 차세대 협업 도구로 주목받고 있다.

4 인터넷 상에 자료를 저장해 두고, 사용자가 필요한 자료나 프로그램을 자신의 컴퓨터에 설치하지 않고도 인터넷접속을 통해 언제 어디서나 이용할 수 있는 서비스.

디지털 환경에서 행해진 업무는 칸반 보드 방식으로 관리되어 작업 과정의 흐름을 한눈에 파악할 수 있다. 칸반 보드란 업무 활동과 흐름을 한눈에 파악하기 위해 도요타에서 개발한 일정 관리 방식으로 칸반(간판)을 붙였다 뗐다 하면서 '해야 할 업무', '진행 중 업무', '완료한 업무'를 구분하는 것이 특징이다. 이러한 방식의 프로젝트 관리 도구는 트렐로(**Trello**), 아사나(**Asana**) 등이 대표적이며 눈에 보이지 않는 업무 현황을 가시화하여 체계적인 업무 관리가 가능하다.

줌(Zoom)에서 제공하는 가상배경(Virtual Background)기능
출처 : Zoom, fox

협업 방식에 따른 협업 도구 활용 방안

이처럼 다양한 서비스를 제공하는 협업 도구는 어떤 방식으로 협업하는지에 따라 활용 방법이 달라진다. 업무 단위 별로 발생하는 이슈가 빠르게 생성되었다가 사라지는 업무를 수행하고 있는 이슈 중심의 협업일 경우 이메일, 채팅, 관련 파일마다 분산되어 있는 대화나 업무 지시를 이슈 단위로 묶어 관리할 수 있는 커뮤니케이션 중심의 협업 도구를 활용하는 것이 유리하다. 슬랙(**Slack**)이나 잔디(**Jandi**), 라인웍스(**Lineworks**), 마이크로소프트의 팀즈(**Teams**) 등이 이러한 메신저 기반의 서비스를 제공하고 있다.

업무 진행 과정을 문서 단위로 관리하는 문서 협업 방식일 경우 프로젝트 과정에서 발생하는 이슈를 태스크로 작성하여 작업 흐름을 명확히 하고 업무의 흐름을 가시화하여 일의 효율을 높이는 목적지향형 협업 도구를 활용하는 것이 적합하다. 이러한 협업 도구는 트렐로(**Trello**), 아사나(**Asana**)처럼 업무 단위 별로 히스토리를 관리하는 방식과 하나의 문서 안에서 목적과 결과를 함께 공유하는 노션(**Notion**), 드롭박스 페이퍼(**Dropbox Paper**), 큅(**Quip**)과 같은 노트 형태의 원페이지 방식이 있다.

업무 간의 연결성이 중요할 경우 하나의 서비스에 다양한 기능이 통합적으로 제공된 그룹웨어 방식의 올인원 협업 도구를 활용한다. 문서 작업을 하다가 바로 그 파일을 불러들여 화상 미팅을 하고 미팅 내용을 저장하여 동료에게 전송하는 등 업무 과정을 단일 서비스로 실행하여 데이터 관리에 유리하다. 구글, 마이크로소프트, 네이버 등 기존의 메일 서비스를 보유한 회사에서 생산성과 커뮤니케이션 기능을 강화하여 하나의 서비스로 통합한 올인원 협업 도구를 제공한다.

이처럼 디지털 협업 도구는 다양한 업무 방식에 따라 필요한 기능의 도구를 적재적소에 활용하여 재택근무처럼 사무실 밖 업무 환경에서도 사무실 내에서 일하는 것과 비슷하거나 혹은 더 나은 효율을 이끌어 낼 수 있다.

메신저로 출석체크하고 유튜브로 수업 들어요

학교 또한 4월에 시행된 온라인 개학 이후 가능한 디지털 인프라를 총동원하여 원격 수업을 진행하고 있다. 선생님과 학생, 저학년일 경우 그들의 학부모까지 모두 겪어보지 않았던 방식에 적응하기 위해 고군분투하는 중이다. 교육부에서는 코로나19가 등교에 영향을 미치는 시기에 한정하여 원격 수업을 진행하기 위한 지침을 마련했는데, 이에 따르면 원격 수업은 최대한 학교 여건에 따르되, 온라인으로 이루어지는 실시간 쌍방향 수업, 미리 녹화된 강의 콘텐츠를 제공하는 콘텐츠 활용 중심 수업, 학습 시간 동안 풀 수 있는 과제를 제공하는 과제 수행 중심 수업의 세 가지 유형 안에서 수업이 이루어지도록 권고한다. 온라인 수업은 교육부에서 지정한 e학습터, EBS 온라인 클래스, 혹은 학교에서 지정한 학습 플랫폼(구글 클래스룸, 클래스팅, 학교 홈페이지 등)에 로그인하여 출석체크를 하고 교과과정 수업을 진행하고 있다.

이러한 학습 방식은 아이들이 자기주도적으로 공부하고 스스로 학업을 관리할 수 있는 동기를 부여한다. 지금까지는 학교에 가서 책상에 앉아 있으면 선생님이 들어와서 수업이 시작되는 수동적인 학습이었다면 온라인 학습은 본인이 들어야 하는 수업의 가상 강의실로 찾아가 출석체크를 하고 스스로 수업에 참여할 준비를 한 후 수업 시작을 클릭하면 학습을 시작할 수 있다. 또한 수업 시간의 컨디션에 따라 이해 수준이 달라지는 기존 수업과는 달리, 본인의 학습 이해도에 따라 다시 듣기를 통해 반복 학습이 가능하다. 시력이나 청각이 안좋아서 학습 이해가 떨어졌던 학생은 얼마든지 본인에게 맞는 환경으로 설정할 수 있다. 쌍방향 수업의 경우 손을 들고 하는 질문에 소극적이었던 기존의 수업 태도와는 달리 온라인 상에서는 채팅과 댓글 등 아이들이 익숙한 방식을 통해 더 적극적으로 수업에 임하기도 한다.

그렇다면 포스트 코로나 시대에 아이들의 수업은 어떤 모습으로 진행될까? 코로나 이전의 방식으로 돌아가게 될지 아니면 온라인 수업을 통해 경험한 내용을 통해 새로운 수업 방식이 탄생할지 현재로서 판단하기는 어렵다. 아마 빠른 시일 내에 등교가 시작되면 이전의 교과 과정으로 돌아가려 하는 움직임이 나타날 것이다. 하지만 온라인 수업을 경험한 아이들은 더 편리하고 본인에게 적합했던 학습 방식을 학교에 요구하지 않을까 예상된다. 이러한 요구에 맞추어 미래의 교육은 아이들의 수많은 특성만큼이나 다양한 형태의 학습 방식을 제공하는 형태로 변화할 것이다.

중·고등학교 대상의 EBS온라인 클래스

출처 : EBS

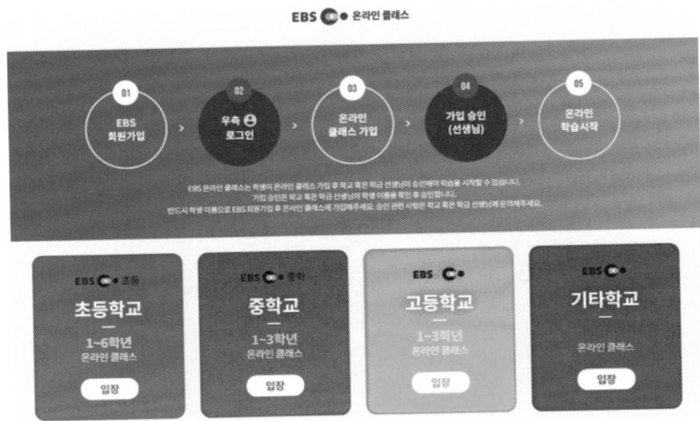

초등학교 대상의 e학습터

출처 : e학습터

미래에서 온 인공지능 선생님

온라인 개학을 계기로 원격 수업이 활발히 진행되면서 에듀테크(Edutech)[5]시대가 성큼 다가왔다. 차세대 교육 방식으로 주목받았던 온오프라인 교육이 혼합된 '블렌디드 러닝(Blended Learning)'[6], 온라인 선행학습 후 오프라인에서 토론을 벌이는 '플립 러닝(Flipped Learning)'[7]등 대면 학습의 대안으로 등장한 원격 교육이 예상했던 것보다 빠르게 도입된 것이다. 이러한 대안적 교육은 기술을 만나 더욱 활성화될 것으로 보인다.

에듀테크를 통한 학습은 이전의 e-러닝처럼 인터넷으로 정해진 커리큘럼의 수업을 듣는 방식이 아닌 빅데이터와 인공지능(A.I.)등의 기술이 접목된 새로운 학습 콘텐츠를 제공받는 형태로 진행된다. 인공지능(A.I.)이 학습 성과와 이해도를 판단하여 편성한 '오늘의 학습'과정을 매일 제시하고, 학습 기록을 토대로 오답노트를 제공하는 식이다. 선생님이 하던 역할을 인공지능(A.I.)이 대신하게 된 셈이다.

5 교육(Education)과 기술(Technology)을 결합한 신조어로 교육분야에 ICT기술을 융합한 새로운 교육의 흐름.

6 두 가지 이상의 학습방법이 지니는 장점을 결합하여 적절히 활용함으로써 학습효과를 극대화하기 위한 학습 형태.

7 교실 수업 전에 학생들이 스스로 공부할 수 있는 강의 영상을 온라인으로 제공하고, 교실 수업에서는 학생들이 해결하지 못한 문제를 풀거나 더욱 심화된 학습활동을 동료 학습자들과의 토론이나 선생님의 도움을 통해 수행하도록 하는 혼합형 학습 형태.

웅진 북클럽 &스마트올플러스 서비스
출처 : 웅진 북클럽

8 스마트폰, 태블릿PC 등의 기기를 통해 보이는 이미지에 부가 정보를 실시간으로 덧붙여 향상된 현실을 보여주는 기술.

인공지능(A.I.)과 더불어 증강현실(Augmented Reality, AR)[8] 기술을 활용한 교육 또한 각광받고 있다. 우주 생태계, 고대 유물, 개구리의 내부 모형 등 교과서 속의 글이나 그림으로만 상상했던 내용을 증강현실 기술로 구현하여 눈 앞에서 보는 듯한 생생한 몰입형 교육을 유도한다. 실제로는 볼 수 없는 현상과 내부 구조를 가상으로 체험하면서 아이들의 이해를 높이고 호기심을 자극해 더 깊은 사고를 할 수 있게 한다. 이러한 기술은 시간과 장소에 상관없이 가속도 센서와 카메라 등이 탑재된 스마트폰과 태블릿만 있으면 아이들에게 새로운 경험으로 제공될 수 있다. 실제 교육 분야에서 증강현실에 관련된 세계 시장 규모가 증가하고 있으며, 2018년 2조 2천억 원에서 2025년에는 약 15조 원까지 증가할 것으로 보인다. 인터넷이 교육에 활용되고 있듯 증강현실을 이용한 교육 콘텐츠 역시 과학, 미술 등 아이들의 상상력을 자극하는 영역에서 활발하게 적용될 것으로 보이며 홀로그램 렌즈를 통해 투영된 가상의 선생님과 수업을 듣는 미래도 머지않아 다가올 것으로 예상된다.

에듀테크 학습 플랫폼 클래스팅의 클래스팅 A.I. 서비스

출처 : 클래스팅

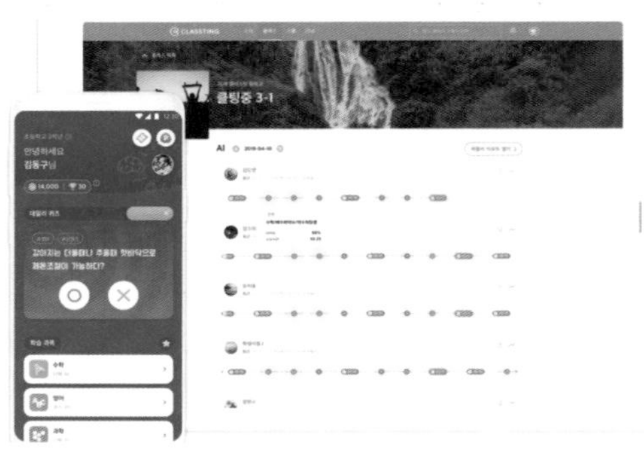

에듀테크 분야별 시장 성장 규모

출처 : 홀론아이큐

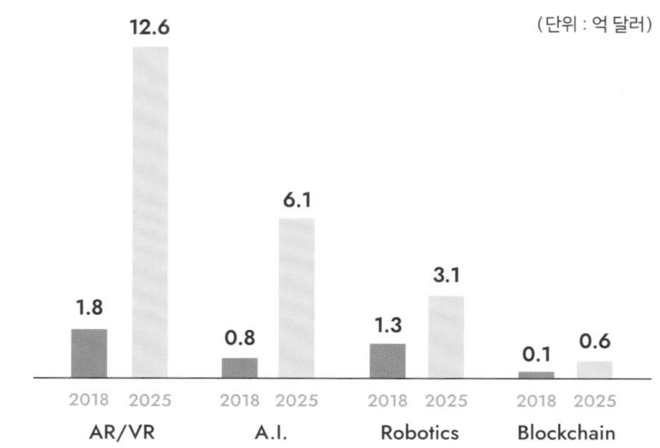

증강현실 교육 서비스
EON Creator AVR

출처 : EON Reality

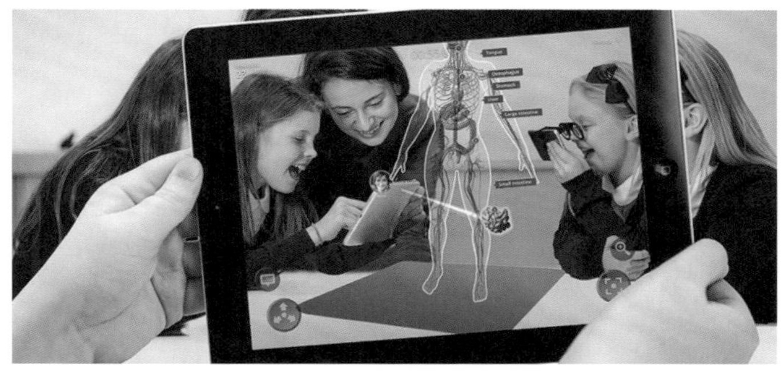

02 역할의 변화

선생님 및 팀 관리자의 역할 변화

인공지능 선생님과
팀장님이 지켜보고 있다

기존의 업무와 수업이 원격으로 대체되면서
수직적이고 권위적이었던 관리자들은
수평적이면서 협력하는 관리자로 변모할 것으로 보인다.
선생님과 학생의 거리는 더욱 가까워지고
회사 관리단의 리더는 적절한 기술의 활용으로
팀의 성과를 이끄는 역할에 집중하게 된다.

우리가 제일 힘들었어요

" 전통적 교실에서 교사는 정보를 주입하는 역할이었으나,
미래의 교사는 기술을 활용해 학생이 능동적으로
학습할 수 있도록 돕는 가이드가 되어야 한다."
브루스 맥라렌(Bruce M. McLaren), 미국 카네기멜런대 교수

올해 3월 초등학교에 입학한 아이들은 5월이 다 지나갈 동안 담임 선생님을 한 번도 직접 만나보지 못한 채 1학기를 보냈다. 실시간 화상 수업을 통해 인사를 주고받고 함께 수업을 진행하였는데, 지금의 초등학생들은 예상과 달리 불편함 없이 잘 적응을 하는 모습이었다. 이 아이들이 어릴 적 유튜브를 통해 경험한 학습 경험과 크게 다르지 않은 형태였기 때문이다. 이 아이들에겐 학교 수업보다 다운로드 받아 출력한 학습 교재와 EBS 수업이 더 친근하게 느껴질지도 모른다. 그렇다고 선생님의 역할이 부족하다고 말할 순 없다. 대면 수업으로 짜여 있던 학습 과정을 온라인으로 대체할 수 있도록 준비하고 아이들에게 필요한 교구재를 디지털 형태로 만들고 실시간 수업을 진행하는 동안 산만한 아이들을 집중시키게 하는 것 모두 선생님이 하고 있는 일이기 때문이다.

회사 풍경 또한 크게 다르지 않았다. 몇몇 기업에서 재택근무를 시행하면서 관리자급 직원의 애로사항도 만만치 않았는데, 눈에 보이는 성과를 관리했던 기존의 근로 제도가 재택근무로 인해 판단이 불가능해지면서 분단위로 끊임없이 업무 현황을 확인하여 직원의 스트레스를 가중시킨 사례가 발생하기도 했다. 한 기업의 팀장급 관리자는 "재택근무가 점점 장기화되면서 업무 공백을 최소화하기 위해 직원들의 업무를 각별히 신경 써서 관리감독해야 한다는 부담감이 늘었다."고 응답하기도 했다.

재택근무 기간 중 업무 효율은?

출처 : 플로우

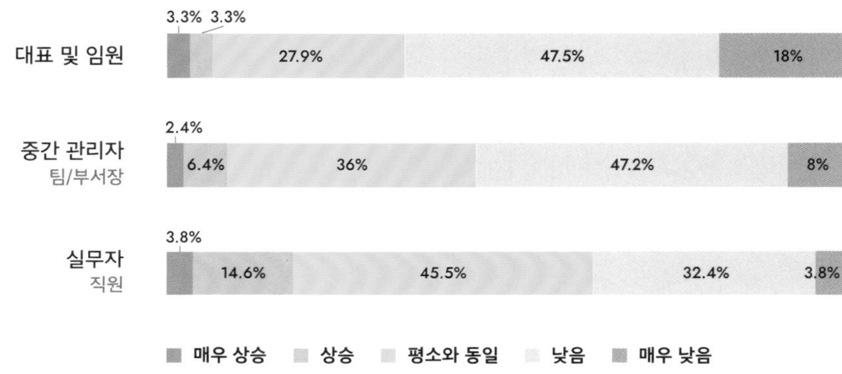

선생님의 역할

원격 교육이 활성화되면 앞으로의 교육은 교실에서 1대 다수로 이루어지던 교육 방식을 벗어나 학습 내용 전달에 효과적인 다양한 디지털 플랫폼을 활용하여 교육의 질을 높이는 방향으로 변화할 것으로 예상된다. 새로운 교수 학습 방식 중 플립 러닝(Flipped Learning)은 기존의 교육 방식을 완전히 뒤집은 학습 방식이다. 교실에 모여 수업을 듣고 집에 가서 복습하는 전통적 수업 방식과 달리 플립 러닝을 적용할 경우 학생들은 미리 준비된 수업 영상과 자료를 수업 시간 전에 미리 보고 충분히 학습하고, 교실에서는 선생님과 학생들이 학습한 내용에 관련된 토론을 나누거나 심화 학습을 하는데 더 많은 시간을 할애할 수 있다. 집에서 온라인으로 미리 습득한 학습 내용을 교실에서 선생님과 충분히 체화시키는 것이다. 부지런한 모범 학생만 가능했던 예습과 복습이 자연스럽게 이루어진다.

플립 러닝 개념

출처 : 아침밥 공부

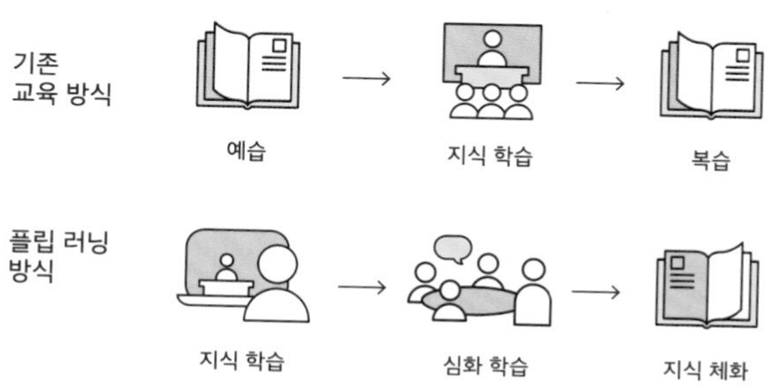

이에 따라 선생님의 역할 또한 학습 방법에 따라 세분화될 것으로 예상된다. 선생님은 사전 학습을 위한 온라인 학습 교재를 만들고, 교실에서는 학생들의 상호작용과 활동을 촉진하는 진행자의 역할을 수행하게 된다. 교실에서의 지식 전달자 역할은 축소되고 지식을 미리 습득한 학생들의 이해를 돕고 더 깊은 생각을 유도하게 하는 역할이 강조되는 것처럼 선생님은 학생들의 진로와 성장을 돕는 가이던스(Guidance)[9] 와 심리적 상담을 돕는 카운슬러(Counselor)[10] 의 역할로 세분화되면서 학업 성과를 도우면서 학생과 더 가깝게 상호작용하는 역할에 가까워질 것으로 예상된다.

9 교육 과정 선택이나 진로 선택을 위해 학습을 돕거나 지도하는 역할.

10 아이들의 인성이나 심리 상태에 대한 상담을 통해 올바른 길로 유도하는 역할.

플립 러닝의 주요 요소와 교수자&학습자의 역할

출처 : 브런치 매거진 에듀테크와 학습 경험의 진화

	온라인 학습	오프라인 학습
학습 목표	• 오프라인 학습 이전에 기본 지식과 개념 학습	• 심층 학습 • 활용 방안 탐색
선생님의 역할	• 학습 자료의 생산 • 학습자 지원 전략 수립	• 학습 안내자 • 학습 보조자
학습자의 역할	• 지식 소비자	• 지식 생산자
학습 방법	• 온라인 교육 콘텐츠 학습	• 학습자 활동 중심 (협동, 의사소통, 참여, 토론)

재택근무에 가장 필요한 것은?

코로나19로 인해 기업들이 불가피하게 재택근무 모드에 들어가고 필요에 따라 유연근무제가 정착하기 시작하면서 이에 맞는 업무 규칙과 소통 방식이 재정비되고 있다. 재택근무로 출퇴근의 구분과 업무 과정에 대한 산출이 불명확해지면서 이에 대한 가이드라인과 체계적인 성과 측정이 필요해진 것이다.

재택근무 활성화를 위해 무엇이 필요한지 조사한 결과에 따르면 '기업 차원에서 체계적인 시스템 구축(36%,1위)' 다음으로 '관리자급 직원의 재택근무 이해도 향상(20.8%, 2위)'과 '재택근무에 적합한 성과관리 제도 마련(20.5%, 3위)'이 상위를 차지하는 결과를 통해 기존 관리자의 역할을 보완할 수 있는 효율적인 성과 관리 시스템이 필요하다는 것을 알 수 있다.

재택근무 활성화를 위해 필요한 것은?

출처 : 매일경제

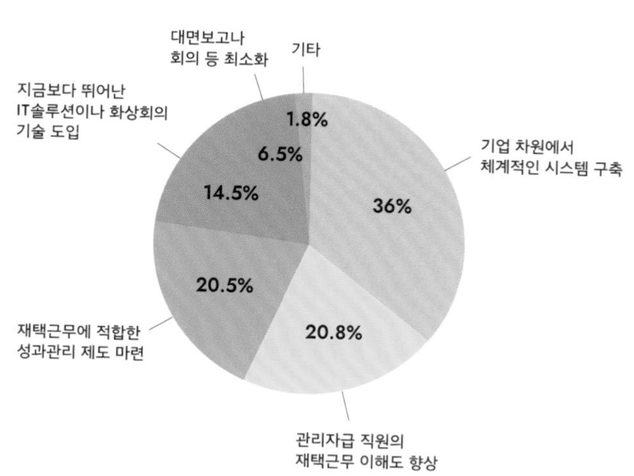

월요일 아침 누가 누가 지각하나 눈에 불을 켜고 지켜보는 팀장님은 점점 보기 힘들어질지도 모른다. 최근의 근태 관리[11] 서비스는 모바일 기반으로 위치 정보를 파악하여 지문이나 카드로 출근을 체크하지 않아도 출퇴근이 확인되어 근로시간이 자동으로 서버에 저장되고 외근이나 휴가, 재택근무 시에도 근로자가 스스로 본인의 일정을 기록하는 등 장비 구축 없이 클라우드로 앱과 웹을 통해서 쉽게 관리가 가능하다. 사내 인프라를 구축해야만 가능했던 전사적 자원 관리(**ERP, Enterprise Resource Planning**)[12] 시스템 중 일부가 기능별로 세분화되어 서비스된 사례이다. 기존 근태 관리를 위해 들여야 했던 비용 대비 적은 비용으로 효율적인 관리가 가능하기 때문에 이러한 관리 서비스는 유연근무제 확산에 따라 더욱 성장할 것으로 보인다.

또한 근태관리를 넘어 직원의 현재 성과를 가시화하기 위한 다양한 방법이 동원된다. 개발자들이 주로 활용하는 '슬랙 서드파티 봇(**Slack Third Party Bots**)', '클릭 업 확장 타임 트래킹(**Project Time Tracking in ClickUp**)', '풀 판다(**Pull Panda**)', '잡컨트롤(**Jobctrl**)' 등의 성과 측정 프로그램은 근로자의 작업량, 작업시간을 측정하고, 업무 현황에 대한 리뷰를 할 수 있도록 도와주어 불투명한 업무성과를 눈에 보이는 결과값으로 산출한다. 다만 이러한 프로그램들은 개발자나 **IT** 업계에서 주로 사용하는 협업 도구의 확장 프로그램인 경우가 많아 일반적인 접근이 어려운 것이 사실이다.

11 직원의 출근과 결근을 관리하는 일을 의미.

12 회사의 재무, 회계, 조직관리, 생산, 물류 등을 통합적으로 관리하는 시스템을 일컫는 용어.

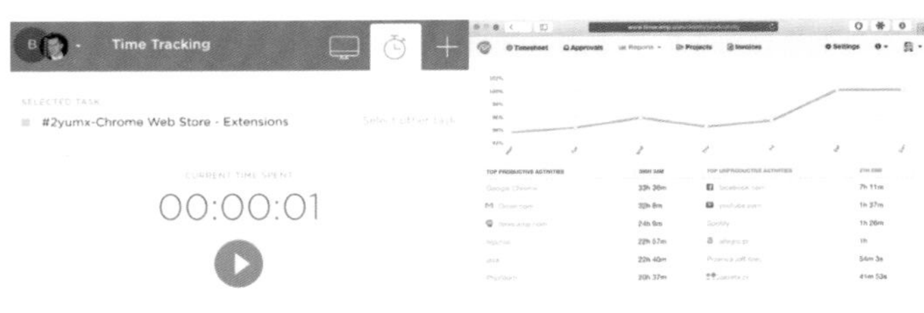

업무성과 프로그램 타임트래킹
출처 : 클릭 업 타임 트래킹

근태 관리나 업무 성과를 객관적으로 측정할 수 있는 체계가 갖춰진다면 관리자는 적절한 업무를 지시하고 팀을 효율적으로 운영하여 성과를 이끄는 리더십에 집중하게 된다. 기술에 맡길 수 있는 것들에 시간을 쏟는 것이 비효율적인 세상이다. 팀 혹은 조직에 필요한 핵심이 무엇인지에 집중하면서 변화하는 조직과 체제에 발 맞춰 나가는 것이 포스트 코로나19시대에 필요한 관리자의 덕목일지도 모른다.

03 공간의 변화

전통적 학교와 사무실의 탈피

Work & Edu

거리두기 일상화
실현 공간으로

우리 주변의 공간은 타인과의 접촉을
최소화하기 위한 공간으로 변화하고 있다.
커뮤니케이션과 공유 중심의 개방형 공간에서
안전과 사적 영역 보호를 우선시하여
다수의 밀집을 최소화할 수 있는
유연한 목적을 가진 공간으로 변모하게 될 것이다.

생활 속 거리두기의 일상화가 가능한 공간

코로나19는 실리콘 밸리의 혁신과 창의적 공간의 상징이던 개방형 사무실을 칸막이로 둘러 쌓인 사무실로 바꿔놓을지도 모르겠다. 미국의 셧다운이 해제되고 일상으로 복귀되면 예측되는 변화 중 하나가 개방형 사무실의 해체로 언급되고 있다. 사람 간의 접촉이 전염병 확산의 원인이 되면서 가급적 접촉을 피하고 거리를 두는 사회적 거리두기 현상이 일상화되면서 우리의 일상 공간까지 바뀌고 있는 것이다. 메르스, 코로나19와 같은 바이러스 전파가 비정규적으로 반복될 것으로 예상되는 미래에는 소통, 유대, 팀 중심의 개방형 업무 공간에서 사적 영역 보호, 소규모 중심의 폐쇄형 업무 공간으로 변화할 것으로 예상된다. 마스크가 없으면 일상이 유지되지 않는 세상에서 다수가 밀집돼 있어야만 하는 공간인 학교와 사무실이 가장 먼저 변화해야 한다는 것은 누구나 수긍할만한 사실이다.

사회적 거리두기를 위한 중국 초등학생 모자

출처 : 사우스차이나 모닝포스트

항저우의 초등학교에 있는 아이들이 스스로 디자인하여 손수 만든 모자로, 학급 친구들로부터 사회적 거리두기를 확보할 수 있는 독창적인 방법을 고안함.

현대 학습 환경을 위한
다목적 파티션 Nook
출처 : 디자인붐, Nook

당장은 코로나19로 인해 교실 풍경은 삭막하기 그지없을 것으로 보인다. 짝을 지어 앉았던 책상 배치는 거리 두기를 위해 멀리 떨어져 있고, 언제나 시끌벅적 했던 점심시간 급식실은 한 칸씩 자리를 띄어 놓거나 칸막이를 설치하여 혹시나 있을 접촉과 감염을 방지하면서 학교 현관과 교실엔 열화상 카메라와 체온계로 학생들의 체온을 수시로 확인한다. 이와 같은 선례가 없기 때문에 교실에서 에어컨을 틀어도 되는지, 수업 중에 마스크 착용을 해야 하는지조차 논의가 벌어지고 있는 실정이다. 방역 지침에 따라 마스크 착용을 강제한다고 해도 수업 내내 불편함을 느끼는 학생들에게 이런 방침이 현실적으로 불가능할 것이기 때문이다.
이처럼 정상적인 대면 수업이 불가능해지면서 교실을 벗어난 교육이라는 취지 하에 차세대 교육 방식으로 주목받았던 에듀테크가 빠른 속도로 공교육에 적용되어 교실 환경을 바꿀 것으로 보인다. 미래에는 학교라는 한정된 공간을 벗어나 온라인 접속 혹은 디지털 컨텐츠 재생이 가능한 곳이라면 어디에서나 학습이 가능한 환경으로 변화할 것으로 예상되는 가운데, 수십명의 학생들이 같은 공간에서 학습 수준에 상관없이 동일한 교육 내용을 제공받던 교실은 학생의 학습 수준에 따라 맞춤형 교육을 제공하는 온라인 수업으로 대체되거나 다양한 플랫폼을 활용한 쌍방향 교육으로 전환되어 학습 흥미를 높이는 방향으로 전환된다. 교실은 지식 전달의 장소가 아닌 학생들의 학습 성취를 확인하고 소통의 장을 제공하는 장소로 변모할 것이다.

이러한 변화는 선생님의 지식을 전달하기 좋은 교탁 중심의 사각 구조에서 학생들의 필요에 따라 공간을 분리하거나 해제할 수 있는 파티션 개념의 가구들로 채워질 수 있다. 팀별 활동에 좋은 원형 탁자나 선생님에게 쉽게 고민을 털어놓을 수 있는 사방이 둘러 쌓인 돔 형태의 공간 등 목적과 필요에 따라 다양한 형태로 펼쳐진다. 실제 브라질의 산타마르셀리나 학교(사진 참고)에서는 선생님과 학생들의 협업을 도울 수 있는 넓은 공간과 더불어 학생들의 휴식과 사교를 위한 공간을 별도로 제공하고 있다.

사무실 또한 원격 업무가 본격화되는 시기가 오면 사무실 근무가 필수가 아닌 선택이 될지도 모른다. 회사 입장에서는 비어 있는 사무실을 효율적으로 사용하기 위해 사무실의 규모 축소나 유연 자리 배치 등을 적용할 수 있고, 개인이 사유할 수 있는 여유공간이 충족되면서 사회적 거리두기를 업무 공간에서도 실현할 수 있게 되고 업무 공간은 방역에 효과적인 방향으로 변화할 것이다.

얼마 전 콜센터 사무실의 열악한 근무 환경으로 대규모 집단 감염이 발생했다. 소위 닭장을 연상케 하는 빼곡한 자리 배치가 전염병 확산의 원인으로 분석되었다. 이러한 밀집 사업장의 집단 감염 위험이 제기되면서 정부는 고위험 사업장에 대해 사업장 내 밀집도를 절반으로 낮추기 위한 지침을 내렸다. 현직 관계자는 이러한 지침이 당장은 실현하기 어렵다고 보고 있지만 코로나19의 장기화 영향으로 관행에서 벗어나야 정상적 운영이 가능하다는 인식이 자리잡을 것으로 보인다. 전염병 확산을 막는 공간 확보가 단순 복지의 문제가 아닌 생존의 영역이 되었기 때문이다.

협업 중심의 공간을 제공하는 산타마르셀리나 학교

출처 : 디자인붐, 산타마르셀리나 학교

글로벌 부동산 회사
쿠시먼 앤드 웨이크필드(C&W)의
'6피트 오피스'

출처 : 쿠시먼 앤드 웨이크필드

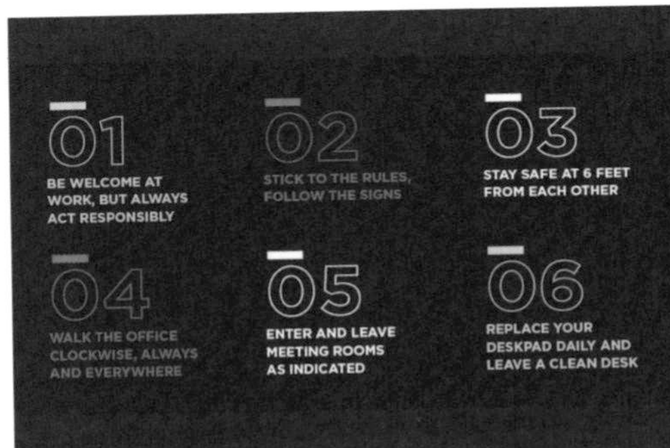

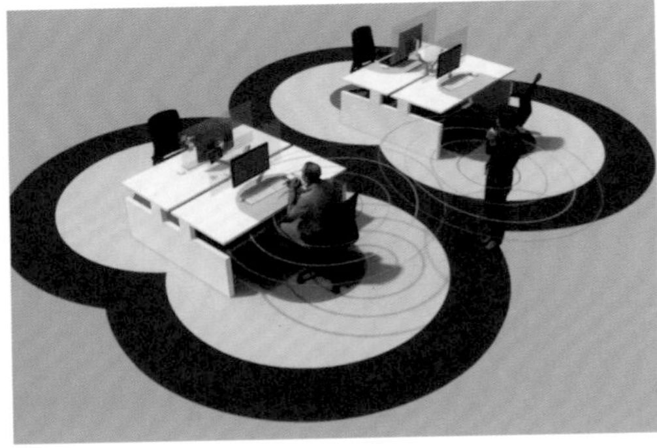

'6피트오피스'에서 6피트는 코로나 팬데믹 초기에 코로나19바이러스가 퍼지는 것을 막을 수 있는 안전거리가 1.8m 즉 6피트라는 점에서 유래되었음.

코로나19를 겪으며 생활 속 방역을 중요하게 생각하는 인식이 자리잡으면서 기존 지문 방식의 출결과 등록 보안 출입문 대신 비대면, 비접촉이 가능한 얼굴 인식 자동화 시스템이 적용되고, 업무 공간에서 개인의 키보드와 마우스를 제외한 모든 사물들은 타인과 공유하는 영역이 최소화되는 방향으로 변화할 것으로 보인다. 또한 출입구의 에어샤워, 향균 데스크매트 등 지금까지는 생소했던 일상 방역을 위한 제품들이 점점 자리를 차지할 것으로 예상된다.

코로나19를 겪으며 우리에게 각인된 밀집된 공간에 대한 두려움은 집단이 한 공간에 밀집되어 있는 것이 아닌 넓게 퍼지는 형태로 자리잡을 것이다. 또한 집단 공간이 필요하지 않은 미래의 교육과 업무 방식은 특정 장소가 아닌 온라인으로 연결되어 있는 사람에게 집중된 공간으로 변모할 것이다.

SUMMARY

우리는 일상으로 돌아가기 위한 준비를 하고 있다. 누군가는 코로나19이후에 세상이 뒤집힐 것이라고 하지만 학교나 직장에서 그 변화를 체감하기엔 아직은 먼 이야기 일지도 모른다. 집단의 변화는 개인의 생각이나 행동에 의한 변화가 아니라 그 공동체의 문화가 바뀌어야 하는 문제이기 때문이다. 변화가 일어나는 속도의 차이일 뿐 개인의 변화가 집단의 변화를 이끌어내는 것은 분명하다. 오랜 기간 집에서 일하고 공부하게 되면서 적당한 거리두기가 편해진 사람들이 한 장소에 모이게 됐을 때는 어떤 변화가 생겨나게 될까? 앞서 사회적 거리두기가 가장 강도 높게 실행되고 있는 학교와 사무실에서 어떤 변화가 일어났는지 앞으로 어떤 현상이 일어나게 될지 도구, 사람, 공간 순으로 살펴보았다.

코로나19는 출근과 회의, 등교와 수업을 온라인 세상으로 강제 이동시켰다. 재택근무를 하는 직장인과 온라인 수업을 듣는 학생은 생각하는 대로 구현되지 않는 기술에 답답하고, 조직을 관리하는 관리자와 학생들을 돌보는 선생님은 디지털 전달 방식과 소통의 단절에 답답해한다. 사람은 기술에 적응하고 기술은 사람의 필요에 발 맞추기 위해 더욱 발전하고 고도화될 전망이다. 업무와 학습에 필요한 모든 행위가 디지털로 대체되어 특화된 개별 서비스로 제공되는 방식으로 단절(언택, **Untact**)된 이들을 초연결하는 기술과 서비스가 다양화될 것이다.

눈에 보이지 않는 거리에 위치한 이들을 연결하는 기술은 이들을 수직적인 관계에서 수평적인 관계로 만든다. 윗사람이 아랫사람을 평가하던 방식은 객관적인 데이터로 가시화된 업무와 학습의 성과를 가지고 평가되며, 이 성과에 따라 인공지능이 적합한 업무와 학습 과제를 제공하는 세상이 도래한다. 클라우드를 통해 데이터로 남겨지는 결과물은 업무와 학습의 히스토리를 체계적으로 관리하게 하여 더욱 효율적으로 운영된다.

물리적 이동에 의한 온/오프가 아닌 실제로 온/오프의 실행이 가능해지면서 시간을 자기주도적으로 관리하기 위한 움직임이 나타난다. 근로자는 유연근무제를 통해 본인의 근무시간을 관리하면서 그 시간 동안 처리해야 할 업무를 효율적인 방식으로 운영하려 하고, 학생은 온라인을 통한 자기주도적 학습으로 본인의 학습량 대비 정답률을 판단하여 부족한 부분을 반복적으로 학습한다. 비대면, 즉 거리두기가 일상화된 미래에는 뚜렷한 목적성을 가지고 사람이 모이게 된다. 학교는 온라인 선행 학습 다음 단계의 심화된 학습을 진행하기 위한 소규모 그룹 대상의 장소로, 사무실은 재택근무와 순환 근무 방식으로 전환되어 개인 업무를 처리하는 공간은 축소되고 온라인에서는 해소하기 어려운 팀 단위의 협업과 소통을 위한 공간의 중요성이 확대되는 방향으로의 변화가 예상된다.

가장 변화가 더딘 교육과 업무 영역마저 이미 이전의 일상과는 다른 모습으로 돌아가고 있다. 이스라엘의 미래학자이자 히브리대학 교수인 '유발 하라리(**Yuval Noah Harari**)'는 코로나**19**로 인한 대학교 폐쇄 기간 동안 본인의 온라인 원격강의 경험을 통해, "오래된 규칙은 산산조각 나고, 새로운 규칙은 아직 쓰여 가고 있다." 라고 언급하였다. 우리가 보아왔던 학교와 회사는 코로나**19**로 인해 쓰여진 새로운 규범 아래 우리 삶의 토대를 변화시킬 것으로 보인다.

EPILOGUE

POST COVID-19
디자이너의 상상

개인 방역과 사회적 거리두기가 우리의 일상이 되는 포스트 코로나 시대. 공간, 나, 타인 간의 방역과 사회적 거리두기와 관련하여 상상을 해보았다.

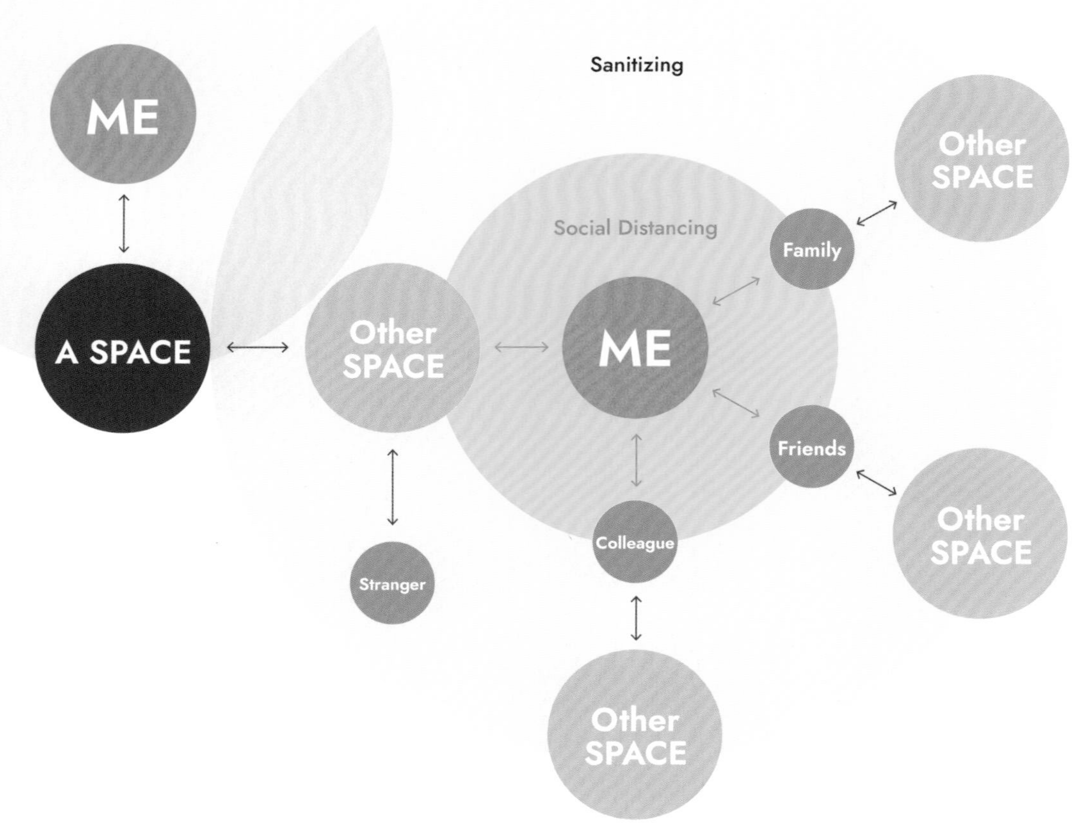

강아지에게 산책은 신체적, 정신적인 건강을 위해 반드시 필요한 활동이다. 일반적으로 강아지들이 가장 따르는 사람은 음식을 제공하는 사람이라고 생각하지만 사실 산책을 시켜주는 사람을 제일 좋아하고 따르게 된다고 한다. 코로나19는 사람들을 집안에 머무르게 만들었고, 그건 반려견들도 예외는 아니다. 확찐자에 이어 확찐견이 나타나기 시작한 것이다.

어차피 집안에 머물러야 한다면 집 안에서라도 산책을 해보면 어떨까?

사람과 강아지가 가상현실(VR) 헤드셋을 착용하고 특수 제작된 플레이트 위를 걸어가면, 가상 산책길이 펼쳐진다. 푸르른 잔디가 있는 공원, 갈매기 소리ㅈ가 들리는 바다 길 등 원하는 산책로를 선택할 수 있다. 바닥의 실제 경사도를 감안하여 플레이트의 경사 난이도가 조절된다. 후각이 중요한 강이지를 위해 각 산책길 테마에 맞는 냄새까지 디퓨저로 제공되어 최대한 실제 산책길과 유사한 형태로 구현된다. 우리집 앞 공원은 못 가지만, 대신 세계 여러 나라 여러 지형의 다양한 산책길을 매일 걸어 볼 수 있다.

Sanitizing ME

알록달록 구슬 담은 팔찌형 손 세정제 (Hand Sanitizer)

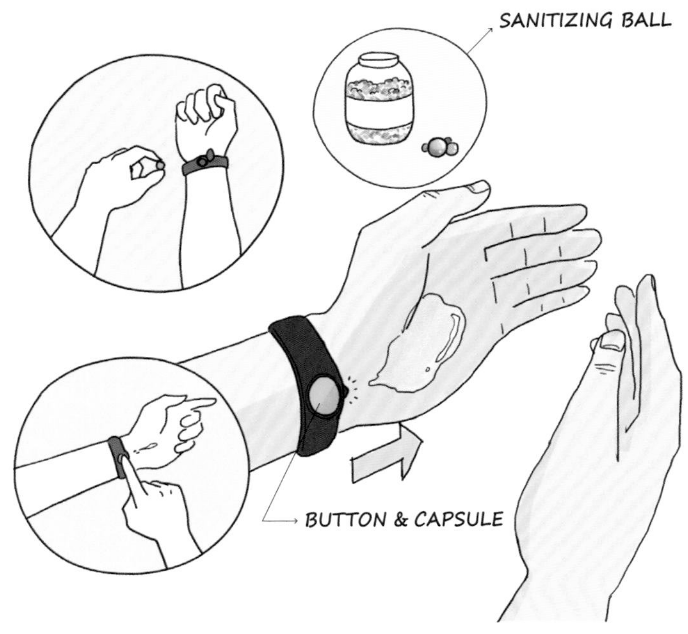

우리에게 손세정제는 선택이 아니라 필수품이 된 시대가 왔다. 그렇지만 매일 손 세정제를 소지하고 다니는 것은 여간 귀찮은 일이 아니다. 어른도 이렇게 귀찮은 데 아이들은 어떨까?

아이들이 항상 소지하면서, 놀이처럼 즐겁게 손세정제를 이용할 수 있다면?

형형색색으로 동글동글하여 마치 영롱한 구슬 같이 생긴 이 캡슐 손세정제는 필요할 때 들고 다니면서 깨뜨려서 사용할 수도 있지만, 팔찌에 장착하여 필요할 때마다 누르면 적절한 양의 세정제가 손바닥으로 나와 손을 소독할 수 있다. 캡슐 겉면에는 인체에 무해하지만 매우 쓴 맛을 내는 성분이 코팅 되어 있어 아이들이 실수로 캡슐을 입에 넣어도 바로 뱉어 낼 수 있도록 했다.

최근 몇 년간 4차 산업 혁명의 핵심 분야로 성장해 온 '공유 경제'는 코로나19 라는 큰 암초를 만났다. 감염에 대한 공포가 확산되고 '사회적 거리두기'가 일상화되면서, '공유' 문화 자체가 위협받고 있기 때문이다. 특히, 특정 공간에서 지속적인 시간을 보내야 하는 차량 공유 서비스는 타격이 클 수밖에 없다.

누군가의 사용이 종료된 후
다른 사람이 이용하기 이전
해당 공간 전체를 살균할 수 있다면,
공유 경제가 다시 살아날 수 있지 않을까?

강력한 **UV**살균으로 바이러스를 **99.9%**까지 박멸이 가능한 이 제품은 차량의 벽면 등에 간단하게 부착하여 사용 가능하다. 센서를 통해 사람이 공간에 있는 동안에는 작동을 멈추었다가 사람이 없는 시간 동안에만 살균을 시행한다. 앱으로 해당 차량의 살균이 어느 정도나 완료되었는지, 살균이 완료된 차량은 어떤 것인지 실시간으로 확인한 뒤, 서비스를 이용할 수도 있다.

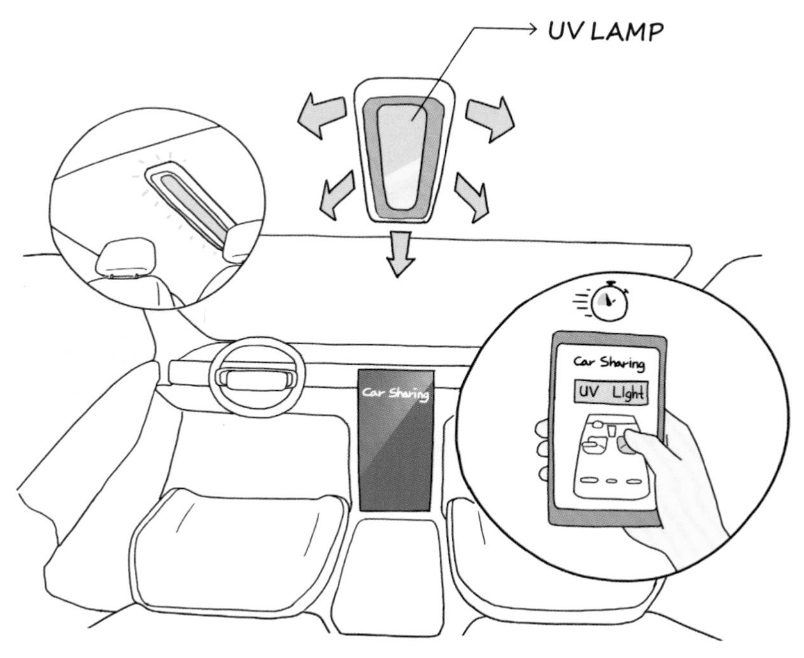

거리를 두고 싶지만, 나 혼자만의 의지로 거리두기가 지켜지지 않는 경우들이 많이 있다. 일상 생활에서는 누군가와 마주칠 것 같을 때 내가 조금 돌아가면 되지만, 많은 사람이 모인 장소에서는 사실상 거리두기는 불가능하다.

많은 사람들이 모이지만, 거리두기가 가능할 수는 없을까?

만화 드래곤볼에 등장하는 호이포이 캡슐[1] 같기도 하고 어찌 보면 문방구 앞에서 어린시절 하던 뽑기 캡슐처럼 생긴 이 제품은 언제 어디서든 **2m**의 사회적 거리두기를 실현해주는 휴대용 원터치 투명 돔이다. 일상에서 **2m**거리 두기를 실천한다고 하지만, 콘서트 장이나, 야외 요가 수업 등 사람이 많이 모이는 공간에서 이 수칙을 완벽하게 지키는 것은 사실상 어려운 일이다. 하지만 이 휴대용 원터치 투명 돔만 있으면 언제든 나만의 바운더리를 만들어 주어 안전하게 외부 활동을 즐길 수 있다. 어쩌면 이 휴대용 원터치 돔은 이제 공연장에서 응원봉과 함께 필수품이 될지도 모르겠다.

1 만화 드래곤볼에 등장하는 도구로 상단의 버튼을 누르고 던지면 그 속의 물건이 튀어나옴. 그 물건은 음식이나 무거운 물건, 자동차, 비행기, 심지어 집까지 뭐든 캡슐 안에 집어넣을 수 있음.

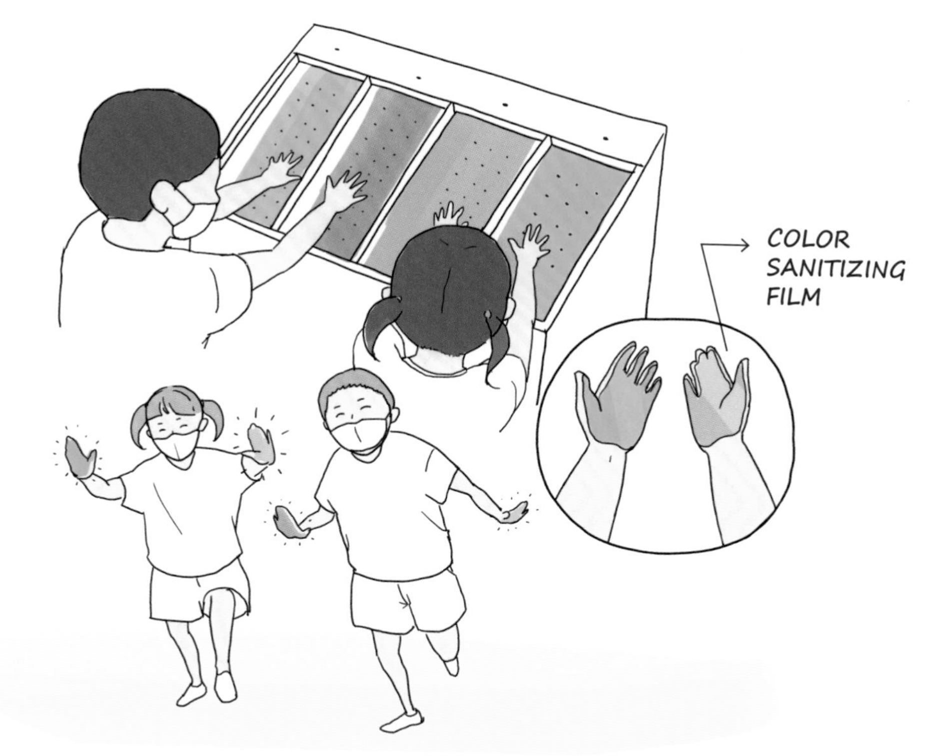

어른들은 감염을 막기 위해 손세정제를 쓰고, 장갑을 끼고 다니고, 무언가를 만지는 것을 알아서 최소화하지만, 어린이들이 스스로 무언가를 만지지 않도록 하는 것은 사실상 어렵다. 아이들은 끊임없이 무언가를 만지고, 만지는 행위를 통해 무언가를 배워 나가기 때문이다.

아이들에게 만지는 행위를 제한하지 않으면서도 감염의 위협으로부터 막을 수 있는 방법이 없을까?

빨주노초파남보 알록달록 물감 같이 생긴 이 제품은 사용시 마치 파라핀 같이 얇고 컬러풀한 코팅막을 즉석에서 생성해준다. 아이들은 마치 즐거운 놀이를 하는 것처럼 원하는 색상을 손바닥에 코팅하고, 감염의 위험에서 벗어나 자유롭게 친구들과 뛰어 놀며 촉감놀이도 진행할 수 있다. 사용 후에 이 코팅막은 스티커처럼 떼어 내거나, 물에 닿으면 자연스럽게 녹아 사라진다.

코로나19 관련 도서 추천

미래 예측

코로나 이후의 세계

블룸버그 선정 세계 1위 미래학자
제이슨 솅커의 미래예측

제이슨 솅커

미디어숲

블룸버그 선정 세계 1위 미래학자 제이슨 솅커가 위기와 혼란의 상황 속에 미래에 생겨날 변화와 과제, 그리고 기회를 재빨리 파악할 수 있도록 도와준다.

경제 전망

세계 석학들이 내다본 코로나 경제 전쟁

바이러스가 바꿔놓을 뉴노멀 경제학

폴 크루그먼, 제이슨 퍼먼 외 24명

매일경제신문사

무너져가는 세계 경제를 살리기 위해 폴 크루그먼, 제이슨 포먼, 올리비에 블랑샤르, 아담S.포센 등 전 세계 경제학 대가들이 모여 현재 직면한 상황을 통찰력 있게 분석하고 창의적인 솔루션을 내놓았다.

경제, 사회 전망

코로나19, 동향과 전망

김석현, 김양희, 김유빈, 박성원, 안병진

지식공작소

코로나19이후의 팬데믹 상황으로 주식시장을 비롯한 금융시장, 부동산 시장의 변화, 기업 자금 사정과 산업구조조정 상황 등 한국경제 위기의 국면을 진단하고 2차 충격의 파장, 한국형 방역 모델의 성공 이유와 의미를 짚어보고 앞으로의 사회 변화에 대해 논의한다.

경제, 산업, 사회 전망

코로나 사피엔스

문명의 대전환, 대한민국 대표 석학 6인이
신인류의 미래를 말한다

최재천, 장하준, 최재붕, 홍기빈, 김누리 외 2명

인플루엔셜

코로나19 이후, 누구도 겪어보지 못한 신세계에서 살아갈 우리를 코로나 사피엔스라고 명명한다. 각 분야의 대표 지성인 최재천, 장하준, 채재붕, 홍기빈, 김누리, 김경일 등은 코로나19사태 이후 완전히 다른 체제 아래 살아야 할 신인류에 대해 폭넓은 통찰을 제시한다.

산업, 사회 전망

코로나 빅뱅, 뒤바뀐 미래

코로나 시대에 달라진 삶, 경제, 그리고 투자

한국경제신문 코로나 특별취재팀

국내외 대학의 다양한 분야의 전문가 인사이트를 더하고, 일반 시민이 전하는 현장의 목소리를 폭넓게 취재하여 새롭게 재편될 미래의 질서에 대해 담아냈다.

투자 전망

코로나 투자 전쟁

전 세계 금융 역사 이래 최대의 유동성

정채진, 박석중, 이광수, 김한진, 김일구

페이지2북스

대한민국 최정상의 경제 전문가들인 경제 분석가와 전문 투자자 8인이 모여 코로나19 이후의 자산 시장을 전망하며, 더 나아가 새로운 부의 창출을 도모하기 위한 솔루션을 제안한다.

사회 전망

포스트 코로나

우리는 무엇을 준비할 것인가

임승규, 장두석, 양석재, 조관자, 김재헌

한빛비즈

국내외 경제, 부동산, 사회, 의료, 교육, 정치 등 7개의 각 분야 전문가들이 해석한 코로나 팬데믹 이전과 이후 상황에 대한 전망을 통해 코로나 사태 이후의 세계 재편과 개인의 대응방법을 살펴본다.

미래 전망

세계미래보고서 2035-2055

코로나19로 인해 앞당겨진 미래, 당신의 생존 전략을 재점검하라!

박영숙, 제롬글렌

교보문고

전 세계 미래학자와 전문가들의 최신 연구 성과를 담아낸 포스트 코로나 시대를 예측한 종합 전망서이다.

현대사회문화론, 에세이

포스트 코로나 사회

팬데믹의 경험과 달라진 세계

김수련, 김동은, 박철현, 김민아, 심민영 외 7명

페이지2북스

코로나19가 바꾸어놓은 모든 체제를 우리는 아직 모르며, 뉴노멀은 그냥 오지 않는다. 이 책은 코로나19의 여파들을 이해하고 체화해 유의미한 축적을 돕는다.

질병, 아동 도서

알면 이겨요! 코로나19 바이러스

유아화보 편집부

주니어 김영사

코로나19 바이러스를 비롯한 각종 전염병을 예방하는 방법을 알려 주며, 적절한 예시 그림과 간결한 글로 구성된 그림책으로 유아부터 초등 저학년까지 읽을 수 있다.

교육 전망

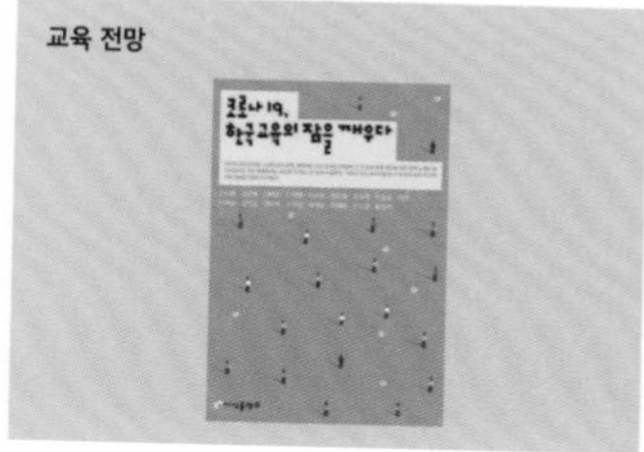

코로나19, 한국 교육의 잠을 깨우다

강대중, 김경애, 김미윤, 박승원, 유대영 외 12명

지식공작소

코로나19의 여파로 석 달 만에 완전히 바뀌어버린 한국 학교의 수업 양상이 낳은 부정적 요소들을 준비된 시스템으로 혁신하기 위해 교육 전문가들이 한국 교육의 나아갈 길을 제시한다.

식품, 식생활 전망

코로나시대, 식품 미신과 과학의 투쟁

미신으로 먹었다 과학으로 먹어라

에런 캐럴

지식공작소

의사이자 유명 칼럼니스트인 저자가 제안하는 포스트 코로나 시대의 건강한 삶을 위한 식생활 지침서로 열한 가지 종류의 음식을 과학적으로 조사해 진실을 밝혀낸다.

산업 전망

코로나와 4차 산업혁명이 만든 뉴노멀

코로나 위기 이후 뉴노멀 시대의 기업 생존 전략

이종찬

북랩

코로나의 여파로 4차 산업혁명의 변화가 점진적으로 변화를 주고 있는 가운데, '뉴노멀'을 키워드로 변화의 방향성을 제시한 이 책을 통해 코로나 이후 전 세계 변화 양상과 우리가 나아갈 방향을 알 수 있다.

경제 전망, 경영 전략

크라이시스 마케팅

코로나19를 극복할 세계 석학들의 해법

김기찬, 허마원 카타자야, 후이 덴 후안 외 1명

시사저널사

세계 마케팅 석학들이 집필한 이 책은 코로나19가 가져온 시대사적인 변화와 위기를 기회로 만드는 마케팅 전략을 제시한다.

질병, 의학

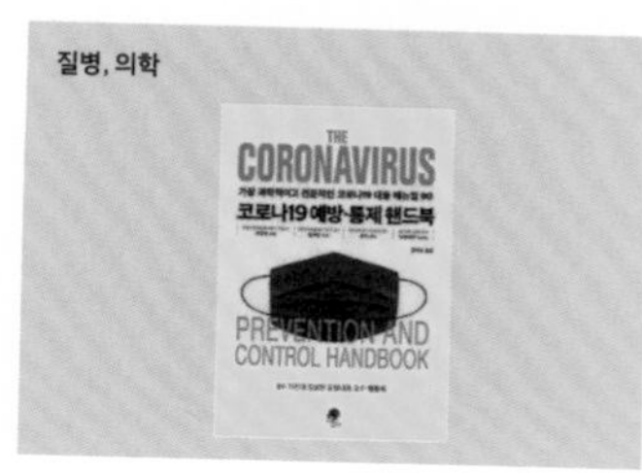

코로나19 예방 통제 핸드북

가장 과학적이고 가장 전문적인 코로나19 대응 매뉴얼 90

저우왕, 왕치앙, 후커, 장짜이치

나무옆의자

중국 우한의 의료진들이 코로나19 방역 현장에서 연구한 데이터를 기반으로 대중이 가장 궁금해할 만한 90가지 질문에 대한 전문가들의 대답과 바이러스 전반에 대한 과학적이고 체계적인 정보를 담았다.

질병, 의학

코로나19

우리가 알아야 할 사실들

타일러 J. 모리슨

열린책들

세계보건기구(WHO), 미국 질병통제예방센터(CDC), 식품의약국(FDA)을 포함하여 공신력 있는 기관 및 언론에서 발표한 자료를 정리한 책으로, 막연한 공포나 불필요한 걱정을 덜어 내고 꾸준하게 정보를 습득할 수 있도록 한다.

의료 전망

코로나19 데카메론

코로나19가 묻고, 의료인문학이 답하다

경희대학교 인문학연구원 HK+
통합의료인문학연구단

모시는사람들

'의료인문학' 부문을 연구해 온 집필진들은 역사적-의료적-문화심리적 다방면에서 코로나19 팬데믹 상황에 대한 여러 가지 문제의 근본적인 해결과 공존의 전략을 제안함으로써 새롭게 도래하는 미래상을 제시한다.

시장 분석

마켓컬리 인사이트

스케일을 뛰어넘는 디테일로 시장을 장악하는 방식

김난도

다산북스

모두가 "망하는 지름길"이라고 말했던 아이디어를 비즈니스로 발전시킨 과정과, 유통 경력이 전혀 없는 사람들이 모여 500만 회원의 라이프스타일을 바꿔놓기까지 마켓컬리를 일군 김슬아 대표를 소비 트렌드 전문가 김난도 교수가 직접 인터뷰했다.

질병, 세균, 바이러스

면역, 메치니코프에 묻다

코로나19 팬데믹 세상, 면역의 아버지가 들려주는 바이러스와 면역

루바 비칸스키

동아엠앤비

식세포의 발견을 통해 자연 면역학의 개념을 정립한 공로로 노벨 생리의학상을 수상한 매치니코프의 삶의 발자취를 따라 코로나19가 만연 중인 지금, 이 변종 바이러스에 대한 자연 면역력의 중요성을 되짚어 보고자 한다.

경제 전망

코로노믹스

코로나 쇼크 이후, 세계 경제의 미래와 우리가 가야 할 길

다니엘 슈텔터

더숲

코로나 위기 이전의 경제 및 금융 시스템 상황을 냉정한 시각으로 되짚어보고, 코로나가 세계 경제에 미치는 영향에 대해 객관적 분석을 통해 설명하며 미래에 대한 솔루션을 제시한다.

질병, 바이러스

바이러스 쇼크

인류 재앙의 실체 알아야 살아남는다

최강석

매일경제신문사

한 번도 경험해보지 못한 위협의 실체를 파헤치고, 코로나 바이러스에 대한 분석과 대응책을 긴급 업데이트해 주는 책이다.

산업 전망

플랫폼 승자의 법칙

디지털 전환시대 경영 레볼루션 전략

홍기영

매일경제신문사

코로나19로 많은 기업이 존폐 위기를 맞고 있는 새로운 시대, 아마존, 넷플릭스, 구글 등 기업들이 어떻게 세계 경제를 지배했는지 그 비결을 파헤쳐 보고, 위워크, 타다 등 몰락한 기업 사례에서 주의할 점도 살펴본다.

소설

페스트

알베르 카뮈

민음사

무서운 전염병이 휩쓴 폐쇄된 도시에서 재앙에 대응하는 인물들은 서로 다른 태도를 드러내 보인다. 그들의 모습을 통해 비극적인 현실 속에서 의연히 운명과 대결하는 모습을 그린 이 작품은 20세기 실존주의 문학의 대표 작가 알베르 카뮈의 소설로 기념비적인 고전으로 꼽힌다.

산업 전망

코로나19 이후의 미래

코로나19 엔터프라이즈 버전이 온다

이경상

중원문화

2019년 5G 원년을 시작으로 4차 산업혁명과 함께 불어닥친 코로나19 이후 한국과 세계의 미래를 예측한 KAIST 이경상 교수의 <코로나19 이후의 미래> 특별 강의를 책으로 출간했다.

미래 전망

미래 시나리오 2021

IMF, OECD, 세계은행, UN 등 세계 국제기구가 예측한 한국 대전망

김광석, 김상윤, 박정호, 이재호

길벗

경제, 산업, 기술, 정책 분야의 최고 전문가 4인이 세계 국제기구들의 최근 보고서를 분석해 현재 한국 경제에 가장 시급한 현안들을 토론하고 미래를 예측한다.

질병, 바이러스 의학 전망

팬데믹

바이러스의 습격, 무엇을 알고 어떻게 준비해야 하는가?

홍윤철

포르체

세계보건기구 WHO 정책자문위원이자 서울대학교 의과대학 예방의학 홍윤철 교수가 메르스 이후 3년 동안 바이러스와 질병을 제어하는 동시에 사회경제적 차원의 생존 전략과 정책 방안을 연구한 결실을 담아냈다.

미래 전망

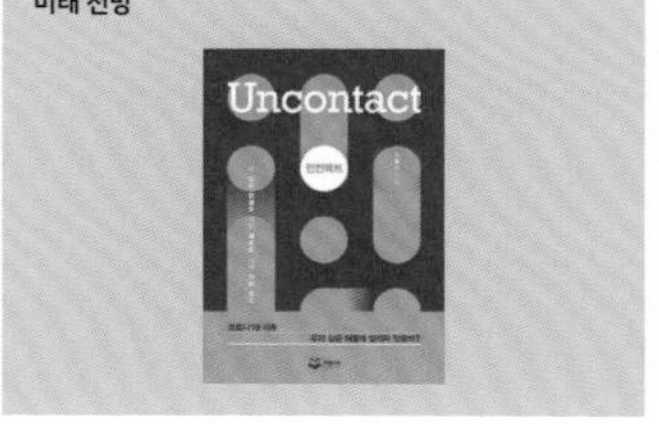

언컨택트

더 많은 연결을 위한 새로운 시대 진화 코드

김용섭

퍼블리온

한국을 대표하는 트렌드 분석가가 집필한 이 책은 언컨택트가 사회를 어떻게 바꾸고, 우리의 욕망과는 어떻게 연관되며, 비즈니스에선 어떤 기회와 위기를 줄지를 다양한 이슈를 통해서 들여다본다.

기술, 산업 전망

인공지능과 인간의 대화

스마트 스피커가 그리는 A.I. 플랫폼의 미래

김지현

미래의창

코로나19로 비대면 서비스가 주목을 받으면서 음성인식과 인공지능(A.I.)에 대한 관심이 높아지며 기업의 디지털트랜스포메이션까지 가속화하고 있다. 이 시점에, 여러 산업 분야에서 어떻게 하면 인공지능(A.I.)기술을 이용해 기업을 혁신하고 변화를 가속화할지를 자세하게 다룬다.

질병, 의학 역사

질병이 바꾼 세계의 역사

인류를 위협한 전염병과 최고 권력자들의 질병에 대한 기록

로날트 D. 게르슈테

미래의창

질병은 수많은 사람들의 생명을 위협하여 역사에 영향을 미치기도 했지만 그중에서도 역사적으로 중요한 의미를 가지는 인물들의 건강과 목숨을 앗아감으로써 역사의 흐름 바꾼 사례들을 소개한다.

질병, 세균, 바이러스

세균, 두 얼굴의 룸메이트

치즈에서 코로나바이러스까지 아이러니한 미생물의 세계

마르쿠스 에거트, 프랑크 타데우스

책밥

식재료의 생산에서부터 일상 속에 숨어 있는 세균, 박테리아, 곰팡이, 바이러스 같은 미생물에 대해 살펴보고, 이로부터 어떻게 보호해야 하는지 설명하고 있다.

미래 예측

초예측 부의 미래

세계 석학 5인이 말하는 기술 자본 문명의 대전환

유발 하라리

웅진지식하우스

코로나19의 여파로 최악의 불황이 예상되는 가운데, 끔찍한 디지털 범죄의 온상이 된 암호화폐와 전염병, 테러, 선거 등 민감한 사회 이슈가 터질 때마다 확산되는 가짜 뉴스의 본질은 무엇일까? 이 책의 저자인 세계 석학 5인은 전망과 통찰로 지구촌 차원의 위기에 직면한 현인류가 미래를 향해 던지는 질문들에 답한다.

경제, 투자 전망

코로나 이후 사야 할 주식

이상헌

메이트북스

코로나19로 인해 비대면 인간관계가 오프라인 인간관계를 대체하면서 언택트 라이프가 활짝 열리고 있다. 저명한 애널리스트인 저자는 이러한 변화를 예리하게 분석 및 예측하고 주식 투자자들에게 큰 수익을 안겨줄 핵심 주도주들을 공개한다.

출처

Intro 소비시장의 패러다임이 바뀌다		COMMERCE
매장서 사야 안심하던 50대까지 … 코로나가 바꾼 쇼핑 백태	더스쿠프	2020.04.03
언택트 소비시장도 女가 주도한다	파이낸셜 뉴스	2020.04.09
언택트 시대 생존요건 과감한 디지털 전환	매경ECONOMY	2020.05.04

01. 온라인 주도권은 e-커머스로		COMMERCE
비대면 서비스, 온라인 쇼핑이 대세!	리빙센스	2020.04.01
비대면시대 활짝, 온라인결제株 '쑥'	아시아경제	2020.05.11
"과거와 다른 세상" 코로나 키즈 20년 미래 전개도	국민일보	2020.04.20
생산·유통·소비 패턴을 바꾸는 '언택트'	전자신문	2020.04.19
매장서 사야 안심하던 50대까지 … 코로나가 바꾼 쇼핑 백태	더스쿠프	2020.04.03
Seamless Returns Experience	Walmart Labs	2019.03.22

02. 배송의 변신은 무죄		COMMERCE
밤12시 주문해도 새벽에 띵동 … 코로나 사재기 잠재운 'K-배송'	머니투데이	2020.04.20
체스터톤스 "코로나 따른 언택트 소비트렌드로 택배업 성장 지속"	서울경제	2020.04.13
부부·연예인까지 그들만의 '플렉스' … 새벽배송 해보니	머니투데이	2020.04.19
사회적 거리를 벌림으로써 다가온 새로운 삶의 풍경	VILLIV	—
24시간 배달하고, 냉장 택배 보관도 … 코로나 19에 편의점은 진화 중	중앙일보	2020.03.30
유통 매출 전반, 온라인서 … '언택트 쇼핑' 일상됐다	서울경제	2019.03.30
주문 30분만에 택배차 싣는다, 마트 천장 '레일 비밀'	중앙일보	2020.04.24
석학 32인의 코로나 이후 변화 전망(4/4) - 글로벌 경제 및 생활양식 변화	꿈꾸는섬	2020.04.02
코로나19 언택트 서비스 열풍, 그 이유는?	엠브레인	2020.04.17

03. 옴니 채널 형태로의 매장 전환 가속화		COMMERCE
비대면이 대세, 유통지도 바꾼다, 백화점·전통시장 '비대면 아이디어' 속출	내일신문	2020.04.24
일상이 된 '비대면' … 안보고, 안가고 쇼핑한다	연합뉴스	2020.04.24
"단 한 명의 고객만을 위한 맞춤형 '옴니 채널'" … 오픈마켓 '롯데온' 공식 출범	위키리스크한국	2020.04.27
New Pickup Towers at Walmart in Cicero for Online Ordering	Spectrum NEWS	2019.07.11

04. 위기의 공유 경제 뜨는 구독 경제		COMMERCE
코로나19에 공유경제 시련의 계절 … 우버·에어비엔비 감원 폭풍	연합뉴스	2020.05.07
코로나19로 언택트 소비관심, 화장품 구독 경제도 확산	K-GMP	2020.04.28
코로나19가 바꾼 일상, 구독 경제가 늘어난다	KBS	2020.03.09
공유경제 넘어 구독경제 시대가 왔다	월간식당	2020.06.09
언택트 시대 '구독경제' 이런 것도 구독이 되나요?	매경출판	2020.06.05
소유에서 구독으로	MK 매일경제 MBN	2020.05.04
"세탁도 구독하세요" … 모바일 세탁배송 서비스 '런드리고' 조성우 대표	!T Chosun	2019.06.29
구매·구독·공유? 다양한 포스트 코로나 시대 '車림표'	!T Chosun	2020.06.18
현대차, 차량 구독 서비스 확대 … 아반떼부터 팰리세이드까지 골라 탄다	오토캐스트	2020.04.20

05. 언택트로 변신을 꾀하는 오프라인 매장들

COMMERCE

'스타벅스' 發 언택트 바람, '드라이브 스루' 가 매출 효자로 '우뚝'	아시아타임즈	2020.06.12
코로나가 농산물 판로를 바꿨다	서울Pn	2020.04.12
aT, 드라이브 스루 농산물 판매 권장	서울파이낸스	2020.05.24
코로나가 앞당긴 언택트 '로봇 서비스' … 안내·요리·서빙까지	TV Chosun	2020.05.01
언택트로 변신 꾀하는 오프라인 매장들	FORTUNE KOREA	2020.04.07
매드포갈릭, "직원 부르지 말고 태블릿PC로 주문하세요."	파이낸셜뉴스	2019.07.24
LG CNS, 안면인식 '언택트' 결제 서비스 선보여	세계일보	2020.04.24

06. 체험형 매장의 역습

COMMERCE

침대는 1도 안파는 침대 매장 … 오프라인 매장 반격 시작됐다	중앙일보	2020.04.28
온라인 와디즈가 오프라인 공간 마련한 까닭은	중소기업뉴스	2020.04.29

Intro 주방의 부활

DINING

포스트 코로나, 주방이 부활한다.	티타임즈	2020.04.16

01. 홈쿡과 홈다이닝의 증가

DINING

코로나가 아시아의 식습관 바꿀수도	REAL FOODS	2020.04.21
포스트 코로나, 주방이 부활한다.	티타임즈	2020.04.16
한류가 된 Dalgona(달고나) 커피, 구글 검색량 보니	머니 투데이	2020.05.01

02. 밀레니얼의 홈쿡 솔루션

DINING

식료품 시장을 중심으로 분석한 코로나19 이후 소비 트렌드	오픈서베이	2020.04.10
포스트 코로나, 주방이 부활한다.	티타임즈	2020.04.16
코로나가 아시아의 식습관 바꿀수도	REAL FOODS	2020.04.21

03. 짧아지는 푸드 마일즈

DINING

포스트 코로나, 주방이 부활한다.	티타임즈	2020.04.16
도시에서 농사짓기, 실내용 '식물재배기' 시장 활기	한국영농신문	2020.04.23
코로나19 확산 속 공황구매? … 사람들은 왜 씨앗을 살까	경향신문	2020.03.31

04. 대체육의 기회

DINING

'줌' 만큼이나 뜨고 있는 대체 고기	티타임즈	2020.05.13
코로나 반사이익, 대체肉 시장 15조원 육박	조선일보	2020.05.13

05. 디지털 전환의 가속화

DINING

언택트 시대, 던킨이 잘 나가는 이유	티타임즈	2020.04.17
언택트시대 음식 가게는 어떻게 살아남아야 하나?	티타임즈	2020.04.28
식당 테이블서 QR코드 찰칵 … 언택트 주문·결제	MK 매일경제 MBN	2020.04.12
'언택트 시대' 일상을 움직이는 지능형 로봇	ZD Net Korea	2020.05.05

QR코드로 주문·로봇이 서빙 … 누구와도 대면없는 한끼	아시아경제	2020.05.08
코로나19 장기화에 '뉴노멀' 된 비대면 서비스 … 요리·서빙 로봇 '인기'	스포츠 조선	2020.04.30
코로나19 : 인간의 일자리를 대신하는 로봇, 디지털 전환은 가속화할까?	BBC	2020.05.01

Intro 현실과 가상의 경계를 넘나들다		CULTURE & LEISURE
코로나19에 따른 산업별 변화 분석 시리즈 - 02 여행 트렌드	엠포스	2020.04.22
코로나19 빅데이터 : 소비자 반응 분석 ③ 일상 변화	엠포스	2020.03.12

01. 실감나게 즐기는 온라인 문화생활		CULTURE & LEISURE
방탄소년단 '방방콘', 224만명 동시접속에 5천만 조회	연합뉴스	2020.04.20
슈퍼엠 '비욘드 라이브', 전세계 이은 쌍방향 소통 콘서트	스타뉴스	2020.04.26
안방에서 즐기는 '루브르 투어'	한국경제	2020.05.27
코로나19가 불러온 '집콕 다이어트' 풍경	BRAVO	2020.06.19
룰루레몬 등 '온텍트'로 소비자 스킨십 강화	Fashionbiz	2020.05.14
코로나19 위기 극복 마케팅으로 소비자를 사로잡은 아디다스	소비자평가	2020.05.11
코로나19 시대, 시구도 특별하게 … 어린이 2명 안전하게 시구	연합뉴스	2020.05.05
미국 ESPN, 한국 프로야구 생중계한다	한겨레	2020.05.04
韓 NC 다이노스, 美 NC 더럼 불스와 공동 마케팅 시동	노컷뉴스	2020.06.04

02. 다중이용시설의 새로운 기준		CULTURE & LEISURE
코로나19 시대 '쇼핑 뉴트렌드' | 극장도 로봇이 안내 '언택트시네마' 판매자와 실시간 소통 '라이브커머스'	매경 ECONOMY	2020.05.08
코로나19 빅데이터 : 소비자 반응 분석 ③ 일상 변화	엠포스	2020.03.12
'언택트시네마'로 코로나 이후 뉴노멀 대비	CJ	2020.05.08
'집밖은 위험해' 내 집에서 하는 홈 다이어트 쥬비스 앳홈 주목	문화뉴스	2020.04.27

03. 컨텐츠 산업으로 변모한 여행 산업		CULTURE & LEISURE
신종 코로나 직격 … 여행업 기반마저 무너뜨리나	뉴시스	2020.02.11
코로나19로 '여행 취소 및 연기' 늘어 … 여행 산업 타격	네이버팸타임스	2020.04.20
이탈리아, '코로나 직격탄' 국민 절반 휴가 포기 … "경제적 이유도 15%"	서울경제	2020.06.13
기업가치 반토막난 에어비앤비 … '방구석 온라인 여행' 출시	중앙일보	2020.04.09
[Hotel in Korea] 극복 위한 자구책 마련 고심 _ 코로나19에 대처하는 호텔의 자세 - ①	월간호텔 & 레스토랑	2020.04.29
[CORONA19_ Hotel in the World] 코로나19 팬데믹, 세계의 호텔은 지금 _ 국가별 호텔업계 동향을 엿보다 - ②	월간호텔 & 레스토랑	2020.05.05
KT, 노보텔 앰배서더 동대문에 2세대 기가지니 호텔로봇 '엔봇' 적용	이코노뉴스	2020.04.29
글래드 호텔, DIY 취미박스 제공하는 '봄날의 취미생활' 패키지	부산일보	2020.02.25

04. 강제 홈캉스로 열린 홈 루덴스 전성시대		CULTURE & LEISURE
'커피머신부터 취미용품'까지 집콕 이코노미를 이끄는 집콕템들	투어타임즈	2020.03.19
코로나19로 언택트 문화 확산 … 백화점 문센도 랜선으로 진행	Zd넷 코리아	2020.05.12
집에서 이국을 여행하는 법 - Part 2	론리플래닛	2020.04.06

05. 제 2의 삶, 메타버스		CULTURE & LEISURE
현실은 잠시 안녕! '게임'으로 '도피'하는 사람 증가	네이버팸타임스	2020.04.20
코로나19에 결혼식 취소 … '동물의숲'에서 결혼 '화제'	한경닷텀 게임톡	2020.03.25
천하의 넷플릭스도 떤다 … 천만 관객 모은 '포트나이트'	중앙일보	2020.05.01

Intro 업무와 교육의 혁신, 뉴노멀이 다가오다

WORK & EDU

80일만에 등교하는 고3들, 코로나19가 바꾼 학교생활은…	중앙일보	2020.05.19
화상회의·재택근무·유연근무제 … 일터를 바꾼 코로나19	머니투데이	2020.03.25

01. 시스템의 변화 : 재택근무 / 원격 교육 확산

WORK & EDU

코로나19 확산에 '사업장 폐쇄' 잇따라 … 산업계 '비상'	연합뉴스	2020.02.24
코로나19가 강제도입한 '융통성있는 근무' … 앞으로는?	비즈니스워치	2020.03.23
대한민국은 재택근무 중	매일경제	2020.03.16
"경기 악화가 더 걱정" 재택 접는 기업들	한국일보	2020.04.02
재택근무 증가에 … 유연근무제 지원금 신청 20배 폭증	이데일리	2020.04.10
'재택근무' 직장인 설문조사	매일경제	2020.03.16
기업 실무자 64% "재택근무에도 업무 효율성 유지"	메트로신문	2020.03.18
"아직도 카톡 쓰세요?" … 업무용 '협업 툴' 전성시대	조선비즈	2020.04.24
커지는 업무용 메신저 시장	중앙일보	2016.10.09
SK텔레콤 '언택트 서비스' 최대 30명과 동시 영상통화	한국경제	2020.05.04
"우리처럼 작은 회사는 어떡하나요" 재택근무 솔루션 총정리	중앙일보	2020.03.09
체계적인 원격수업을 위한 운영 기준안 마련	교육부	2020.03.27
온라인 개학·재택근무 … 언택트 기술 '폭발적 성장'	한국경제	2020.04.19
[코로나19 100일] 사상초유 온라인개학 … "원격교육시대 본격화"	이데일리	2020.04.27
4차산업혁명 시대의 학교, 교실을 벗어나라 ; 에듀테크를 통한 교실의 재구성	매일경제	2017.09.25
"A.I.학습 초격차" … 웅진씽크빅, '웅진스마트올' 출시	이데일리	2019.11.04
AR로 교육이 바뀐다	브런치 매거진 XR NOTE	2019.11.25

02. 역할의 변화 : 선생님 및 팀 관리자의 역할 변화

WORK & EDU

원격수업, 위기를 기회로 … "교사들에게 격려와 지원을"	대한민국 정책 브리핑	2020.04.08
[코로나19] 하루종일 "까똑" 재택근무 두 얼굴 … 근로자 보호 법적 '구멍'	뉴스핌	2020.03.13
기업 실무자 64% "재택근무에도 업무 효율성 유지"	메트로신문	2020.03.18
플립러닝, '배움의 순간'을 뒤집다 ; 유기적인 온/오프라인 학습 경험을 선사하는 차세대 교육 방법론	브런치 매거진 '에듀테크와 학습 경험의 진화'	2019.11.03
'재택근무' 직장인 설문조사	매일경제	2020.03.16
재택근무 한 달 … '성과 측정'과 '가이드라인'이 성패 가른다	중앙일보	2020.03.20
[경영칼럼] 코로나 재택근무 시대 똑똑한 비대면(Virtual Leader) 리더는	매일경제	2020.03.23

03. 공간의 변화 : 전통적 학교와 사무실의 탈피

WORK & EDU

칸막이 급식실·짝꿍없는 책상 … 코로나로 달라지는 교실	TV조선	2020.05.05
"수업시간에도 마스크 써야 하나요?" 개학 앞둔 교실은 고민 중	한국일보	2020.03.13
'1m 거리두기 모자' 쓴 中 초등생	동아일보	2020.04.28
미국, 코로나19 이후 달라지는 사무실	KBS뉴스	2020.05.27
현대 학습 환경을 위한 다목적 파티션 Nook	디자인붐	2020.05.05
협업 중심의 공간을 제공하는 산타마르셀리나 학교	디자인붐	2020.04.27
"마스크도 못 쓰고 닭장 같은 곳에서" … 콜센터 '집단감염' 왜?	KBS뉴스	2020.03.15
C&W "'사회적 거리두기' 사무실 모델 가이드북 발간"	한국경제	2020.05.04

BUYRUS DESIGN

UX Lab

DEBRIEF

Simply Explained

BUYRUS DESIGN

www.buyrusdesign.com

바이러스디자인은 다양한 영역 간 협업을 통해 새로운 가치 창출을 목표로 하는 융합 디자인 컨설팅 기업입니다.
각 분야의 전문성을 갖춘 인재들이 모여 시장 및 사용자 조사부터 제품 디자인 도출까지 통합적으로 수행 가능한 그룹입니다.
시장/사용자 조사, 컨셉 개발, UX디자인 및 설계 그리고 제품 디자인 서비스를 제공합니다.

바이러스디자인은 자체적으로 디자인 사고와 프로세스에 대한 연구 및 내부 역량 검토를 통해
당사만의 디자인 프로세스를 수립하여, 진행하는 모든 프로젝트에 유연하게 대응하여 활용하고 있습니다.

바이러스디자인의 통합적 디자인 프로세스

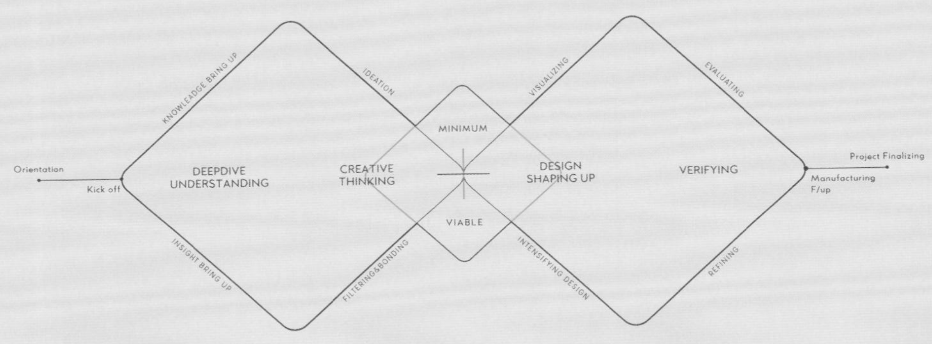

시장·사용자 이해 및 분석

다양한 마케팅 리서치 툴을 통해
관련 시장을 파악하고 소비자에 대한
다각도의 분석을 수행합니다.

이슈 기획 및 발굴

평소 쉽게 접근하기 어려운 기술, 디자인,
컨셉, 제품과 관련된 주요 이슈나 트렌드의
정보를 수집하여 콘텐츠로 기획합니다.

컨셉 개발 및 UX디자인

조사 및 UX분석 기법을 활용하여
수집된 데이터를 기반으로 양질의
인사이트를 생산하여 연구를
진행합니다.

BUYRUS DESIGN
UX Lab

DEBRIEF
Simply Explained

콘텐츠·간행물 제작

전문적이면서 트렌디한 이슈를
누구나 쉽게 접근할 수 있는
콘텐츠로 가공하여 소셜 미디어,
정기 간행물 등의 유형으로
제작합니다.

아이디어 평가 및 검증

연구를 통해 도출된 아이디어를 가지고
더 나은 제품과 서비스로 만들어 내기 위한
철저한 평가와 검증을 실시합니다.

세미나·강의·교육

글이나 사진으로는 미처 담지 못한
핵심 정보를 더 가까이 다가가
직접 디브리프 해드립니다.

디브리프는 바이러스디자인 산하의 **UX Lab**에서 자체 기획한 융합 트렌드 전문 브랜드입니다.
디브리프의 간행물은 특정 이벤트 혹은 이슈에 대한 정보를 수집하여 누구나 쉽고 재미있게 소비할 수 있는 컨텐츠로 가공하여 제공하기 위해 제작되었습니다.
연간 약 **3~4**회의 출간과 공개 세미나 개최를 통해 다양한 컨텐츠를 지속적으로 디브리핑 해드릴 예정입니다.

Why Debrief?

UX Lab에서 클라이언트와 함께 디자인 컨설팅 프로젝트를 진행하다 보면, 사용자 인터뷰 등 특정 이벤트 직후 디브리프라는 것을 진행합니다.
『디브리프(**Debrief**)』란 인터뷰가 종료된 후 해당 내용에 대한 핵심 요약과 이슈 그리고 인사이트를 집약하여 고객이 잘 이해할 수 있도록 쉽고 명료하게 전달해주는 시간입니다. 어떤 주제나 이슈에 대해 따로 시간과 노력을 들이거나, 전문 지식이 없어도 책 한 권으로 쉽고 명확하게 이해 가능하도록 디브리프 해드립니다.

Vision

앎에 대한 욕구를 채우고,
창의를 위한 도구가 되는 것

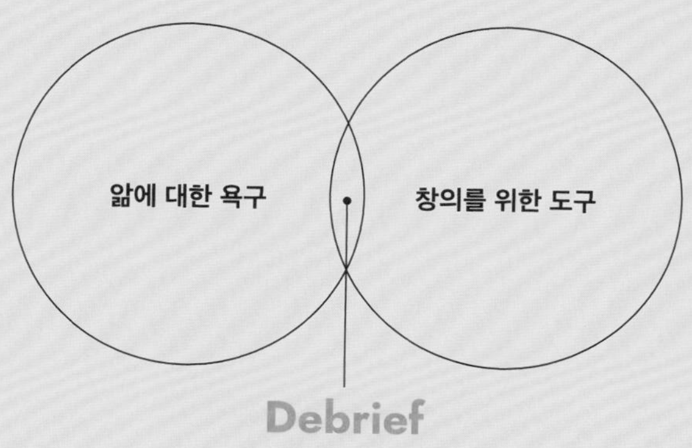

질 좋은 정보를 쉽고 재미있게 소비할 수 있도록 좋은 이슈나 이벤트를 선정하고, 의미 있는 정보로 필터링하며 해석하여 재가공하여 전달합니다.
또한 무언가를 만들거나 아이디어를 내는데 있어 좋은 소재가 될 수 있는 양질의 콘텐츠를 제공합니다.

Editor's letter

디브리프를 기획하고, 1권의 취재를 위해 미국 라스베가스로 출장을 갔던
불과 6개월 전만 해도 전혀 상상하지 못했습니다.
이렇게 비행기를 타는 것이 힘든 일이 되고,
해외 여행이나 출장을 언제 일지 모를 먼 미래로 미뤄두게 될 줄.

2020년은 미래를 위한 기술과 제품의 포문을 여는 해일 것으로 생각하며 기대감에 부풀어 있었고,
밀라노 디자인 위크(Milano Design Week) 최초로 전자 제품들이 전시된다는 소식에 설레며
디브리프 2권도 그 이야기로 채울 계획이었습니다.

2020년이 4차 산업 혁명으로 가는 미래 기술의 포문을 여는 해일 것으로 기대했는데,
코로나19라는 역병이 창궐하는 해가 돼 버린 것입니다.
재미있는 사실은 역병이 창궐하여 오히려 4차 산업 혁명을 코앞으로 다가오게 했다는 것입니다.
결론적으로는 미래 기술의 포문을 연 해가 맞았습니다.

우리 삶에는 항상 불확실성이 존재합니다.
이러한 불확실성의 존재는 오히려 인간에게 무언가를 연구하고 노력하게 하는 원동력이 되고,
변화에 대한 계기가 되어줍니다.

디브리프 2권은 코로나19로 인해 앞으로 우리 삶이 어떻게 바뀌게 될지 고민하고 분들을 위해
다양한 변화의 사례를 종합하여 분석하였습니다.
많은 분들의 코로나19 이후 삶에 대한 불확실성을 조금이나마 해소할 수 있는 책이 되길 바랍니다.

디브리프 편집장, 이 재 영